Слово и дело дьявола

Сергей Гора

Издание второе, исправленное и дополненное

Edited by: Nelly Miloserdova

English language text: Svetlana Peshkoff

Содержание

Сергей Гора

Профессор-русист. Поэт. Публицист. Живёт и работает в США.
Имеет учёную степень Санкт-Петербургского
государственного университета. Многократно публиковался в
литературно-художественных и научных журналах США, Австралии,
Израиля, Индии, Украины, Российской Федерации,
Молдовы и Беларуси.

Слово и дело дьявола
о пропаганде и о том, что за ней сто́ит

Авторская ремарка

Живу я возле *города-героя* Балтимора – «герой», разумеется, от слова «героин», столицей распространения которого заслуженно считается этот весьма загорелый город на востоке Америки. В сорока минутах от моего дома хорошеет доблестная столица нашей второй родины с её всемирно давлеющим «Вашингтонским обкомом», который, по словам патриотов Кремля и Лубянки, расправляет свои зловещие щупальца, дабы не дать России подняться с колен… чтобы побежать в обменник, а ещё лучше к ближайшему международному аэропорту, а то, как поёт А. Буйнов: «Аэропорт так нелюдим. Я остаюсь опять один».

Пишу я, увы, прозу, хотя всю жизнь выдавал и собираюсь выдавать лишь стихи: «на-гора» выдавать, ведь я же Сергей Гора… Короче, *не до песен мне* однажды стало, *не до стихов*, вот и вдарился я, грешный, в публицистику. А потянуло меня к такому выражению подспудное многолетнее ощущение того, что *о главном* есть только *старые песни*, не отличающиеся, прямо скажем, особой мелодичностью, зато изобилующие примитивными аккордами, шарманной скрипучестью и набившими оскомину угловатыми рифмами. Эта тяга заметно усилилась в последнее десятилетие, когда достоянием гласности стали научные открытия, – прежде всего, в областях археологии, биогенетики и астрономии, в результате которых многовековые знания человечества стали «территорией заблуждений», как говорит слегка суетливый на вид Игорь Прокопенко, ведущий одноимённой передачи на РЕН ТВ. (Название этого канала мне представляется весьма собачьим, хотя он явно лучший… из худших на постсоветском *медийно-мединском* пространстве.)

Короче, накипело, как говорится, и я решил опубликовать несколько политологических набросков, стремясь пустить ростки нового, нетрадиционного и свежего в довольно-таки засушливую почву читательского сознания… тем более, что моя преимущественно онлайновая публикация не повредит родной экологии с её глобальным, понимаете ли, потеплением (это когда в южных широтах случаются снег с дождём и ночные заморозки в конце апреля…). Меня, кстати, как пламенного и *активно-зелёного* борца за экологию, свято верящего в ту самую бабочку, от воздействия чьих крылышек «из искры возгорелось пламя»… искренне утешает тот факт, что из-за моей писанины не срубят тысячи деревьев для производства бумаги… как это повсеместно делалось в течение последних шести веков ради тиражирования ахинеи.

В общем же, мои наброски являются как бы пересказом весьма шероховато-сермяжных соображений, выводов и концепций, прозвучавших в разное время в устах родившихся в СССР и впоследствии эмигрировавших в другие страны русскоязычных землян. Предание, одним словом, получилось, хотя, несмотря на такую пафосно-религиозную ссылку, писание моё – далеко не священно. Ведь священными принято считать только те писания, которые устраивают власть… Но тут уж, как говорится, епархия её величества «пропаганды», чему и посвящена данная книга.

❖ *Былое*, нынешнее, грядущее *и думы*
(хоть и не *Герц*ен, но от *сердц*а…)

Введение в тему

Важнейшая задача цивилизации – научить человека мыслить.
Т. Эдисон

«Вначале было слово…», – лукавит Библия… Наверное, русский человек скажет, что в начале было «словосочетание», точнее весьма крылатое выражение, – думаю, Вы примерно догадываетесь, какое именно… А если серьёзно, то Библия действительно лукавит, ибо всякое слово по определению состоит как минимум из двух разных звуков, за исключением союзов «а» и «и» и предлогов «у» и «о», с которых навряд ли началось сотворение мира. И в этой связи не случайно, что во многих древних верованиях, включая и наши русские веды, сотворение мира связывается с одним звуком, а не словом. У нас это нечто вроде раскатистого полуфрикативного «г», откуда, например, *гусли, гуси, доро*г*а*. Так что вначале было вовсе не *слово*. И как сказал бы герой наших детских анекдотов, приснопамятный отец Онуфрий: «Хоть и богохульно, но верно».

Впрочем, оставим лингвоказуистику на потом, а перейдём на более высокий синтаксический уровень. Скажите, Вы когда-нибудь видели или слышали словосочетание «слово и дело» наоборот, то бишь «дело и слово»? Я, например, такого не встречал. «Слово» всегда предшествует «делу» – определяет, мотивирует и направляет его. Итак, в чём же сущность так называемого «слова»? Языковые структуры, в том числе те же слова и словочетания, например, соотносятся с двумя философско-функциональными категориями: назовём их условно *констатационно-номинативной* и *гуманитарно-разъяснительной*, – звучит, мягко говоря, тяжеловато, но точнее не скажешь. Например, «трава зелёная», «мне хочется пить», «большой серый слон», «на улице жарко» относятся, разумеется, к «первой», то есть сугубо нейтральной категории, зависшей ровно посередине между «плюсом» и «минусом» и не вызывающей никаких предвзятых оценок ни у Бога, ни у чёрта. Объективность же, точнее само существование «второй» из упомянутых категорий, объясняется необходимостью срочно что-то растолковать, доказать и оценить какие-либо общественные, гуманитарные *неточнонаучные* явления (исторические, религиозные, политические и философские). При этом уместно подчеркнуть, что научные объяснения – если они, конечно, научные – являются констатацией законов, формул, их причинно-следственных связей и объективных выводов, а потому относятся к *констатационно-номинативной,* то есть к «первой» категории.

Возвращась ко «второму», так и хочется привести один непростительно банальный пример. Вот случилась, скажем, какая-нибудь непонятная, неизвестно откуда взявшаяся ерунда, именуемая в народе вопросительной конструкцией: «Что за хрень?». Естественно, возникают вопросы: «что (?)», «как (?)», «откуда (?)» и «почему (?)». Кто-то же должен всё это разъяснить?! И тут вот что оказывается удивительным: если следует ни на что и ни на кого специально не ориентированное объяснение, то такую реакцию называют *ничего* – и *ни для кого* – не значащей отговоркой или отпиской. Если же комментарии или, иными словами, разъяснения ориентированы на определённую аудиторию и отражают те или иные социально-политические установки, то это уже – *пропаганда.* Вот как, например, термин «пропаганда» определяется энциклопедией «Британика»:

Пропаганда, распространение информации – фактов, аргументов, слухов, полуправды или лжи – чтобы повлиять на общественное мнение. Пропаганда – более или менее систематические усилия манипулировать убеждениями, отношениями или действиями других людей посредством символов (слов, жестов, плакатов, монументов, музыки, одежды, отличительных знаков, стилей причёсок, рисунков на монетах и почтовых марках и т. д.)... пропагандист преднамеренно отбирает факты, аргументы и символы и представляет их так, чтобы достичь наибольшего эффекта... он может упускать существенные факты или искажать их, и может пытаться отвлечь внимание аудитории от других источников информации.

Весьма занятно и то, что сам термин был придуман католиками в 1622 году – название католической организации *Congregatio de propaganda fide,* то есть «Конгрегация подлежащей распространению веры», – с конечной целью распространения (точнее принудительного внедрения) католицизма среди так называемых язычников. К слову, что делали католики и другие христиане? – Я здесь, конечно же, не имею в виду их повально развратное и беззаконное поведение за пределами храма… …Наполняли многотысячелетние так называемые языческие традиции своим христианским содержанием, что, между прочим, имело весьма отдалённое отношение к самому Иисусу Христу… Невольно возникает вопрос: «Зачем надо было насильно внедрять… правду, тем более если это действительно была правда?» – Не напоминает ли это недавнюю операцию «по принуждению к миру» в Грузии? Ведь когда всё ясно и понятно, то, как известно, никакое словесное распространение и никакая вербальная агитация не нужны. «Комментарии излишни», – так говорят, когда речь идёт о чём-то безапелляционном, однозначно ощущаемым всеми, независимо от индивидуальных социо-статусных характеристик. В общем, молчание – золото, как считается издревле. А вот католики такое древнее золото почему-то предпочитали игнорировать, хотя вообще до золота папы всегда были «ох как» охочи!

Тут самое время обратиться к пошловатой присказке, подразумеваемой самим подзаголовком. Итак, что, как правило, совсем не стои́т за пропагандой? – Правда! А что за ней, обычно, стои́т? – Кривда, иначе говоря, неправда. А что такое «кривда» или «неправда»? – Слово дьявола, который ей объясняет и заслоняет свои дьявольские дела, а также подвигает грешных реципиентов на новую дьявольщину. Смотрите, как всё просто! И не нужно всяким Неронам, Сталиным и Путиным так неприкрыто врать. Скажите, чуваки, просто: «Мы лепим вам горбатого, и кроем при этом ладно, а вы, наматывайте на ус, иначе – кирдык». Недавно для меня обрела неожиданно магический смысл хором повторяемая нами, фанатами «Зенита» семидесятых-восьмидесятых, похабная припевка, которую – каюсь – я много раз скандировал на стадионах Кирова и Ленина (не правда ли, исторически примечательные погоняла, то бишь клички?). Пробегитесь, однако, по нижеприведённым комментариям:

Текст 1 из пошлого болельщического распева:
    Кто болеет за «Динамо», у того стои́т непрямо!

Комментарий:

«Динамо» – это клуб *гэбэшников* и ментов, которым по определению не свойственна «прямота», иначе говоря, «правда». Поэтому человек, болеющий за «Динамо», не может быть психически и, следовательно, физически нормальным, то есть «прямым», так как невольно поддерживает преступную систему.

Текст 2 из пошлого болельщического распева:

Кто болеет за «Спартак», у того сто́ит не так!

Комментарий:

Спарта, помимо боевого героизма и бесстрашия, ассоциируется ещё и с вопиющей аморальщиной – помните, сбрасывание больных детей со скалы – и позором германской революции 1919-го года, когда против *разрушителей-большевиков-спартаковцев,* выступивших под предводительством Розы Люксембург и Карла Либкнехта, встала значительная часть немцев. Естественно, физически нормальный человек (думающий при том же) не будет поддерживать команду с таким названием. В нём ведь явно что-то не так…

Текст 3 из пошлого болельщического распева:

Кто болеет за «Торпедо», тот родился от соседа!

Комментарий:

В слове «торпедо» заключена полная никчёмность – настолько же, насколько она свойственна произведённому в СССР автомобилю. Следовательно, под болельщиками «Торпедо» подразумеваются совершенно никчёмные, без каких-либо моральных ориентиров, зомби, не заглядывающие дальше собственного носа. Их даже не очень волнует история своего рождения. – Кстати, все без исключения автомобили СССР – иностранного происхождения…

Текст 4 из пошлого болельщического распева:

Кто болеет за «Зенит», у того всегда сто́ит!

Комментарий:

«Зенит» означает апогей солнца (а до мировых религий земляне были солнцепоклонниками в течение десятков, если не сотен тысяч лет от сотворения жизни); кроме того, «Зенит» ассоциировался с, пожалуй, самым технологичным продуктом СССР – фотоаппаратом «Зенит» от легендарного ЛОМО. Таким образом, слово «Зенит» логически связывалось с неким вечным, нужным и полезным началом – соответственно, болельщики Зенита были и духовно, и физически нормальными людьми.

Вот такая невольно напрашивается интерпретация. Ну, а если серьёзно и без сексуально ориентированной пошлости, столь присущей современному так называемому русскому мировоззрению, подметим, что пропаганда рассматривается нами как способ и содержание вранья, которым власть хочет отвлечь людей от познания правды. При этом существенно то, что власть и пропаганда могут отнюдь не ассоциироваться с СССР или Россией. Боже упаси, – ублюдки характерны для истории всех государств, и я совсем не считаю, что деятели вроде Фиделя Кастро на Кубе, Хо-Ши-Мина во Вьетнаме, Сухарто в Индонезии, Мао Цзедуна в Китае или, скажем, Пол Пота в Камбодже чем-то лучше наших отечественных руководящих отбросов XX-го и XXI-го веков. Просто волею высших сил я появился на свет на территории бывшей России поэтому и ссылаюсь на неё, как на нечто родное, знакомое и понятное. К слову, все мои нижеприведённые публицистические сентенции так или иначе связаны с вечными, непреходящими, всеми обсуждаемыми двумя основными социополитическими моделями: авторитаризмом и народовластием, то есть диктатурой и демократией.

Надо признаться, что подобное обобщение наводит на мысль о целесообразности абстрактного философствования, – не лучше ли, мол, заниматься изучением и живописанием конкретных событий, ведь любое обобщение чревато поверхностностью, искусственностью, а нередко, и натяжками. Тут я должен подметить, что мы помним сегодня как раз философов, а не художников деталей. Взять, например, всемирно почитаемых знаменитостей, которые углублялись как в первое, так и во второе. Вспомним Франческо Петрарку, Жан-Жака Руссо и даже Овидия. Петрарка, например, написал множество лирических *сиюминутных-сиючувственных* стихов своей легендарной Лауре, но вошёл в историю и обрёл популярность совсем не по этой причине, а потому, что стал основателем-апологетом самого что ни на есть абстрактно-философского проторенессанса. Жан-Жак Руссо и сегодня почитаем как автор теории прямой демократии, принципы которой, кстати, господствуют в политической системе сегодняшней Швейцарии; а вот если Вы попросите любого филолога назвать хотя бы пару его *деталеописывающих, событийно-ориентированных* литературных произведений, то, скорее всего, увидите пожимание плечами.

Овидий, например, в своих «Метаморфозах» вроде бы летописал конкретные эпизоды и явления, но все они, если приглядеться, посвящены одной и той же теме: неоспоримому преимуществу богов над смертными (читай, авторитарных властей над простыми гражданами…). А вспомним, например, Фёдора Достоевского: «…Кто я, тварь дрожащая или право имеющий?» – не фундаментально-теоретический ли это подход? Наконец, века наивысшего расцвета человеческой мысли подарили нам Платона, Аристотеля, Гегеля, Канта, Ницше и даже того же Маркса с их философской устремлённостью отнюдь не в сиюминутные детали и ограниченные временем события, а в вечные непреходящие истины общественного устройства. Итак, предметом моих статей является обобщённо-абстрактное философствование о месте, роли и атрибутах пропаганды, что, по моему глубокому убеждению, является плодом разрушающей силы, стремящейся извести человечество. Кто, почему и с какой целью имеет во вселенной знак «минус», который извечно, с самого момента сотворения мира, противостоит знаку «плюс», ни мне, ни всему остальному человечеству с пятью-десятью процентами задействованного мозга познать не суждено, но наличие противоборства таких негативных и позитивных сил указывается тем не менее практически во всех культурах и религиях. Поэтому, уж поверьте на́ слово, совсем не по простоте душевной я довольно часто буду ссылаться на рогатых ребят с хвостами и с кочергой. При этом, предлагая именование-кличку «дьявол» в качестве условной, я подразумеваю все мелкие и крупные неприятности, привносимые в жизнь людьми, природой или сверхъестественными для нашего уровня цивилизованности силами, что представляет собой соответственно лёгкие, труднопреодолимые и непреодолимые преграды на пути физического и духовного развития отдельных личностей и общества землян в целом. Что же касается Бога, то тут я распространяться не буду, рекомендуя Вам почитать Тору, работы Е. Блаватской, Оригена и Е. Левашова, а также запрещённые официальными церковно-христианскими институтами апокрифы «…от Марии Магдалины» и «Тайную книгу Иоанна». Замечу, что не по той же простоте я буду вскользь упоминать вещи, несовместимые ни с дарвинизмом, ни с мировыми религиями, ни тем более с общепринятыми в мире школьными программами. В этой связи хотелось бы разбудить спящих и освежить проснувшихся напоминанием о том, что во второй половине XX-го-начале XXI-го века археологи ясно и безапелляционно установили высокотехнологичное существование землян десятки и сотни тысяч лет назад: тут и тонко инкрустированные вазы 500 000 летней давности, найденные в Бостоне, и людские следы параллельно с отпечатками лап динозавра в Техасе, и сфотографированная с орбиты детальная карта Урала с многокилометровыми в диаметре космодромами и сетью ирригационных каналов, и загадочные одеяния сибирской блондинки, мумифицированной сотни тысяч лет назад, и электронный ключ Двораки, и атомные разрушения Мохéнджо-Дáро, и, наконец, всемирмо известные Триполье, Аркаим, Костёнки и Сунгирь, чей возраст по самым скромным подсчётам насчитывает десятки тысяч лет. Пропаганда и здесь сделала свое гнусное дело: не хотят люди не только замечать вопиющих нестыковок в Библии; они даже предпочитают игнорировать тот факт, что Библия – адаптированный отрывок из Торы, где многое описано несравнимо подробнее и логичнее, чем в Библии. Не говорю уж о Коране. …Впрочем, оставим тут пробел из искренних соображений политкорректности. Самым же важным мне представляется вот что: если ты родился на Земле – неважно в качестве мусульманина, христианина, синтоиста, буддиста, коммуниста, атеиста, белого, чёрного, метиса, мулата, зелёного или даже фиолетового в крапинку – короче, если ты посетил эту планету, так уж потрудись, оставь какой-нибудь отзыв о своём посещении. Напиши, как турист в книге отзывов, о посещённых достопримечательностях, о том, что тебя удивило, что понравилось, что нет и так далее. Задумывались ли вы, что из миллиардов людей, живших и живущих на Земле, только единицы отваживались обобщить то жизненное, что составляло и составляет суть весьма быстротечного и короткого пребывания человека на нашей планете? Так будем же философами! Авось со временем… или в параллельных галактиках это прочтут. Вот такое длинное получиось введение. Но и тема, надо сказать, совсем неузкая и немелкая.

Давайте разберёмся в чертях

(о Чернобоге, Ко́жане, Самаеле, сатане, дьяволе... РПЦ... Путине, и прочих деятелях – не к ночи будь помянуты)

Бог и дьявол добились впечатляющих результатов благодаря специализации и разделению труда.
С. Батлер

Прежде чем поминать, а значит, и невольно приглашать, рогатых ребят с копытами и хвостами, давайте хотя бы на миг озаботимся их, как теперь говорят, идентификацией. Итак, *Чернобог* – основа та же, что и в слове «чёрт», – известен как самый древний и добропорядочный из нечистых. Он всего лишь осмелился просить Бога об ускорении и упрощении пути эволюции от низших миров к миру света. – А что, разве мы с Вами не хотим вознестись по служебной лестнице, перемахивая через ступени?..

Но вот *Ко́жан*, по сути тот же Чернобог и предводитель кощеев («демонов» или «бесов», говоря по-современному), пыхал злобой ко всем цивилизациям солнечной системы. Именно под его «мудрым руководством» была уничтожена жизнь на Марсе, взорвана Троара и другие обитаемые планеты, как говорят инглинги-ведисты, но при этом *Ко́жан* (по одной из легенд) предпочёл не уничтожать Землю и не трогать Яра (то есть Бога)... помня, что в самой первой своей инкарнации был... сестрой Бога Яра. Не правда ли любопытно? – Ведь братья, как правило, считают своих сестёр чуть ли не святыми, в то время как посторонние часто не склонны примечать добрых сестринских привычек и чувств, считая женщин в целом источником греха... Ну это... так, лирика, хотя и довольно чертовская...

...«Шайтан, шайтан», – нет хуже ругательства у мусульман, хотя «сатана» переводится как «святая», то есть «живая, вода»... с помощью которой, по словам тех же волхвов-староверов, сатана клонировал евреев на планете Эдем. При этом сатана описан как весьма изобретательный, вселенский учёный-биогенетик, и хоть представлен как антипод Бога, для людей, тем не менее, ничего особо злого изначально не замышлявший. Когда, например, сотворённая им Лилит, первая жена Адама, начала качать права, устраивая ежедневные скандалы, Сатана не выдержал и прогнал её, отдав замуж за Самаеля, властителя ветра, который позже и охмурил Еву, вторую жену Адама, представ змием у яблони и став в результате прелюбодеяния отцом Каина.

Короче говоря, не мудрствуя лукаво относительно соответствующих рангов, адских должностей и земных функций, всех вышеперечисленных нечистых народ звал *чертями* (и реже *бесами*). Отсюда, например, «чёрт попутал», «чёрт побери», и прочее вроде «ни богу свечка, ни чёрту кочерга». Последнее между тем может вполне относиться и ко многим современным явлениям, например, никчёмная политика некоторых европейских лидеров или межклубный взаимообмен футболистами или хоккеистами по принципу «шило на мыло». Впрочем, ссылки на «чёрта» потихоньку умирают вместе со старшими поколениями и повсеместным использованием кочерги, в то время как грубеющее и явно тупеющее население всё больше предпочитает мат. Последние сто лет – видимо, по какому-то дьявольскому наваждению – привнесли также и положительный образ чёрта. Смотрите: «чертовски здорово», «чертовски талантливый человек», «чертовски хороший фильм», наконец, «ну, и чертовка»… Тут невольно припоминается и «падонкафский» сленг, где особой частотностью употребления отличается «аццкий сотона», то есть классный автор, отличный мастер своего дела, приводящий зрителей или читателей в восторг. Но вернёмся к нашему отечественному чёрту (нет, я не о руководителях СССР и РФ – ну что Вы?..). Он уже очень давно ассоциировался скорее с удивлением и юмором, чем с возмущением. Вспомним гоголевские «Вечера на Хуторе близ Деканьки» или грибоедовское «Горе от ума», где г-жа Фамусова описывала служанку арабского происхождения совсем без принятой сегодня политкорректности: «…да как черна – чёрт сущий (!)». В общем, от чёрта как такового со временем ни черта и не осталось.

Зато перефразируя известные слова о вожде мирового проллетариата: «дьявол жил, дьявол жив, дьявол будет жить», уместно отметить ссылку на вечное, мощное, вселенское, жутко влияющее на человека и без помощи Бога, или богов, непобедимое зло. И вот, что удивительно: будучи крайне недовольным чем-то, гневаясь и ругаясь, мы, кстати, не без некоторого оттенка признания и уважения, говорим: «дьявольщина». И вряд ли кто-то слышал сетования на Чернобога, а тем более на Самаеля, хотя последний и есть причина грехородящей гордыни, столь часто обсуждаемой в Библии.

Слово «дьявол» либо связывается с экзорсизмом, чёрной магией и прочими тайнами потустороннего мира — между прочим, часто весьма пленительными — либо предстаёт как символ полного недовольства, отчаянья, разочарования, коллапса, невезения и праведной озлобленности на что-то очень негативное и в то же время... вполне серьёзное. Занятно, что последнее имеет непосредственное отношение к политике, ведь «недовольство», «отчаяние», «разочарование», «коллапс», «невезение» и «праведная озлобленность» в тоталитарных государствах — или, если угодно, в суверенно-демократических обществах пирамидально-вертикальной структуры — как правило, ассоциируются не с абстрактными умозрительными отвлечёнными и рутинно не наблюдаемыми явлениями, а с конкретной политической системой, а точнее с тем, как она себя позиционирует в *слове*, то есть в пропаганде, — и в *деле*, то есть в конкретных действиях внутренней и внешней политики. В этой связи напомним ещё раз вышеупомянутый библейский зачин: «В начале было *слово*...». Итак, как говорят в Одессе, «есть две большие разницы...» — Посмотрим, таким образом, на вышеозначенную связь с двух сторон: с одной стороны, политический лидер никогда не приравнивается ни к чертям в целом, ни к дьяволу в частности. Ну, где Вы слышали, например: «Мао Цзедун – Самаель»; «Сталин – Сет»; «Гитлер – Люцифер», «Пол Пот – Чернобог», а «Нерон – Вельзевул»? Может, когда-то кто-то так и говорил, но это явно не имеет никакого оптношения к сегодняшним СМИ, да и просто к досужим кухонным разговорам XXI-го века. Тут, скорее всего, употребляются эмоционально нагруженные разговорные неформальные формы типа: «убийца», «тиран», «ублюдок» или, скажем, «пидор» и «гандон». — Неспроста в качестве примера припоминается один анекдот, недавно рассказанный В. Шендеровичем: «...Приходят В. Путин с Д. Медведевым в аптеку, и В. Путин говорит: «...два гандона». – «Вижу, – отвечает продавщица, – а что брать-то будете?..» С другой стороны, все тираны-вожди вольно или невольно потворствовали деградации или уничтожению человечества, что по сути является стопроцентным дьяволизмом и полной противоположностью божественной любви. Чтобы убедиться в данном тезисе, дайте, пожалуйста, однозначный ответ (*Да/ Нет*) на следующие вопросы:

1. Считаете ли Вы богоугодным[1] распятие Христа?

   да ☐   нет ☐

2. Считаете ли Вы богоугодной христианскую инквизицию?

   да ☐   нет ☐

3. Считаете ли Вы богоугодным исламский джихад?

   да ☐   нет ☐

4. Считаете ли Вы богоугодным истребление пятидесяти пяти миллионов людей в ходе Второй мировой войны?

   да ☐   нет ☐

5. Считаете ли Вы богоугодным истребление сорока тысяч чеченских детей в ходе ковровых бомбардировок и зверских зачисток чеченских городов и деревень?

   да ☐   нет ☐

6. Считаете ли Вы богоугодным взятие дворца Хафизуллы Амина в 1979-м году КГБшным спецназом, что привело к убийству всех без разбора охранников и, разумеется, самого Х. Амина?

   да ☐   нет ☐

7. Считаете ли Вы богоугодным высочайшее «добро» на гибель экипажа подводной лодки «Курск», приказ о смертоносном штурме Норд-Оста и Бесланской школы?

   да ☐   нет ☐

---

1 Под словом «богоугодный» здесь подразумевается объективный и измеряемый прогресс человечества и в физическом, и в умственном, и в духовном планах.

8. Считаете ли Вы богоугодным превращение СССР в ГУЛаг и сегодняшний *деньговышибательский* ФСИН?

да ☐   нет ☐

9. Считаете ли Вы богоугодным заваруху в Украине и агрессию в Грузии, организованные кремлёвскими властями?

да ☐   нет ☐

Конечно, Вы заметили некоторые уловки, связанные с первым и, быть может, вторым вопросом, но если на все последующие вопросы Вы ответили «нет», это означает Ваше чёткое представление о «дьявольщине», точнее о потворствовании дьявольским замыслам. Ведь всё, заявленное в вопросах под номерами «2-9» (номера «3-9», по крайней мере) связано с прекращением, точнее обрывом чьих-то жизней, то есть с планомерным уничтожением человечества.

Существенным здесь представляется то, что дьявол, как правило, сам не убивает, а уничтожает руками других. Гитлер никого из пятидесяти пяти миллионов жертв Второй мировой лично не сжигал в печах концлагерей, а Путин лично не перерезал глотки старостам грузинских сёл, захваченных проосетинскими бандитами и уж тем более лично не сбивал Малазийский лайнер, – тем не менее все здравомыслящие люди по вполне понятным причинам кивают именно в соответствующую сторону, а не в какую-либо другую.

К слову, в этой связи совсем не лишне было бы вспомнить о том, что, по словам ведистов, конечной задачей дьявола – или кощеев, сатаны и прочих чертей – является выкачивание природных богатств из Земли, особенно золота, с последующим уничтожением планеты и переселением избранных в другие миры. В общем ври-пропагандируй, чтоб растянуть время, пока качаешь…

Возвращаясь к нашим баранам или, проще говоря, «чертям-дьяволятам» (Помните, любимый всеми фильм конца шестидесятых?..), мы – независимо от симпатий и привязанностей – твёрдо заучили: виноват зачинщик драки больше, чем её любые участники, какие бы жестокости они не творили в ходе таковой. Ибо зачинщик создаёт ситуацию… устраивающую дьявола.

Дьявол — отец лжи, а значит, и пропаганды, которая призвана компенсировать акты дьяволизма, представляя их вполне богоугодными, то есть направленными якобы на процветание. (Тут уместно вспомнить чей-то мудрый афоризм о том, что дьявол забыл запатентовать сие откровение, и поэтому у него появилось много конкурентов…) Дьяволизм в тоталитарном или *вертикально-структуированном* государстве подаётся посредством пропаганды, нацеленной на несколько легко доступных каналов восприятия. Например, кремлёвским стратегам известно, что подавляющее большинство россиян — так называемых — будут за ужином смотреть несколько бесплатных телеканалов, поэтому давайте, мол, создадим такие компоненты пропаганды — подмену понятий, недоговорки, полуправду и различные подтасовки, — которые будут подаваться в качестве частей единой, стройной и ладно складывающейся национальной концепции.

Скажите на милость, разве не является слугой дьявола тот, кто сообщает людям «не всю как есть», а только специально отобранную и зачастую ложную информацию, призванную оправдать ту или иную отдельно взятую деятельность, подлежащую восприятию исключительно в формате пропагандой же сформированной концепции. Ярчайшим примером — для не очень вдумчивых, заметим, патриотов — является концепция «суверенной демократии», что представляется абсурдным по самому своему именованию. Представьте себе такие, например, заглавия, как «Тропические апельсины и медведи Аляски» или «Дельфины Чёрного моря и реформа здравоохранения» и тому подобные нелепости. «Суверенность», «суверенитет» и «суверен» — это одного поля ягоды, в то время как «демократия» растёт на совсем другом поле, — причём поля эти находятся в разных климатических, точнее смысловых зонах… «Суверенность» — это всего лишь независимость и самостоятельность, что, как и родственное ему слово «суверинитет», к государственному строю вообще не имеет никакого отношения, так как независимое государство может являться и диктатурой, и демократией. Но такая формулировка благодатна для пропаганды: мол, мы за демократию, но с использованием тоталитарных силовых методов — правда, кто определяет необходимость и характер этих методов, лукаво затемнено. И наконец, понятие «суверен» подразумевает полную противоположность демократии по определению, ибо «суверен» индивидуально принимает решение, а демократия, наоборот, предполагает коллективную волю. Таким образом, данное рассуждение как нельзя лучше соотносится с популярной американской поговоркой: «Дьявол кроется в деталях…». Просмотрите, к примеру, эти словарные толкования:

 * Суверинитет – это неотчуждаемое юридическое качество независимого государства, символизирующее его политико-правовую самостоятельность.
** Суверен (от <u>фр.</u> *souverain* – «высший», «верховный») –лицо, которому без каких-либо ограничительных условий и в течение неопределённого срока полностью принадлежит верховная власть в государстве.

…Ну а причём тут РПЦ, спросите Вы? – Даже если Вас не насторожит сам факт такого *имянаречения*, спущенного грабителем-убийцей Сталиным-Джугашвили в сентябре 1943-го года. Христианская церковь на Руси традиционно звалась «правоверной», в то время как «православие» всегда прочно связывалось с древним дохристианским ведическим родноверием землян, веривших в *правь, явь* и *навь*. Вроде ведь в каждой проповеди звучит обвинение, если не анафема в адрес дьявола… Тут дело даже не в сергианстве и не в том, что профессионально непригодные патриархи, как В. Гундяев, например, являлись агентами КГБ, вовсю торгуя сигаретами и красным вином, а также неприкрыто отмывая криминальные деньги. Не будем ханжами, как говорится. Проблема в том, что те, кто заявляет о себе как поборник Бога, открыто служит дьяволу. Вы слышали от РПЦ хоть одно обвинение постсоветской кремлёвской власти в неоправданных жестокостях, убийствах детей?.. Увы, навряд ли! Так, кому служат люди, оправдывающие убийц?! И, поверьте, тут совсем не важны справедливые насмешки А. Невзорова, Е. Левашова (царствие ему небесное!) Е. Понасенко или В. Познера. Истина проста: тот, кто поддерживает убийц, прямо или косвенно, служит дьяволу, – «period», – как говорят прагматичные англо-саксы. Поэтому некогда верующие уходят от так называемого «православия» и других христианских конфессий, особенно узнавая о политическом лицемерии и бесконечных преступлениях церкви, мало что имеющей общего с проповедью Христа. – Советую почитать хотя бы некоторые из десятков евангелий-апокрифов, в своё время запрещённых христианам хранить – не только разглашать – под страхом смерти. Может, и правы были катары – оказывается, славяне-родноверы по происхождению – утверждавшие, что папство (читай: «мировое христианство») придумал сам сатана в отместку Христу…

Подытоживая сказанное, следует признать, что, с одной стороны, отсутствуют или утрачены строгие правила соотнесённости различных демонов, чертей, бесов и подобных нечистых с типами общественно-политического зла при явной тенденции к забвению древних наименований.[1] – Ну кто сегодня назовет Ким Чен Ына Кощеем, а Януковича Чернобогом?! И как определить, на кого больше похож тот или иной политический лидер: на «чёрта» или на «беса»?!. С другой стороны, все люди, независимо от вероисповедания и уровня образовния, моментально могут разпознать проявления дьяволизма, то есть нечестное, скрытое, подтасованное и даже тщательно замаскированное… пропагандой.

Государственное и общечеловеческое

Государство создаётся не ради того только, чтобы жить, но преимущественно для того, чтобы жить счастливо.
Аристотель

Все проявления разнообразных культур и религий сводятся к двум обобщениям – весьма тривиальным, но зато ясным – эти два аспекта можно условно окрестить как «государственное» и «общечеловеческое». Начнём, как говорится, с конца, а именно с

---

1 В современной науке о чертях (*демонологии* – не путайте с *Историей КПСС*…) нет чёткого определения соотнесённости тех или иных поступков, чувств, намерений с тем или иным рогатым товарищем. Более того, искренне говоря о дьяволизме, люди подразумевают и Ленина, и Гитлера, и Путина, с их невидимыми и неслышимыми вдохновителями. Тут невольно приходит в голову один анекдот:
– *Говорят, Путин консультируется у дьявола (?).*
– *Скорее, наоборот…*

общечеловеческого: во всех людях на земле, независимо от каких-либо социо-статусных характеристик, религии и уровня «пассионарности», как говорил Лев Гумилёв, заложены страх, зависть, желание слышать комплименты, голод, жажда, позыв к испражнению, любовь, ощущение жары и холода, гнев, удивление, отчаянье и другие ощущения. При этом в данном контексте представляется второстепенным то, как это интерпретируется в различных религиях, – главное, что это присутствует абсолютно у всех! На эти, основные проявления человеческой сущности, накладывается надстроечный, так называемый верхний «государственный» слой, который может быть и как слой крема на торте, то есть делающий этот торт привлекательнее и слаще; и как ржавчина на новом рельсе. – Кто видел, как прокладывают новые железнодорожные или трамвайные пути, тот испытывал весьма двоякое чувство: рельс, мол, новый, крепкий, надёжный, но почему-то отталкивающе ржавый! Так и государство: либо может не мешать общечеловеческому, способствовать приятным неожиданностям и образованию положительных, продлевающих жизнь эмоций; либо, наоборот, загонять человека в тупик, способствуя тем самым его постепенной деградации и, как следствие, уничтожению.

Итак, подгоняя самого себя приснопамятным призывом «короче, Склихасовский», приведём банальный пример. Ребёнок заболел простудой, выбежав на осеннюю улицу в одной футболке или бесконечно бегая по двору босиком. Тут налицо общечеловеческая проблема, связанная с легкомыслием детей, столь присущим для всех времён, стран и народов. Но вот родители в разных странах поспешили в аптеки. В *первой* стране лекарств от простуды нет… Во *второй* стране имеющиеся лекарства настолько дороги, что родители простудившегося ребенка не в силах их финансово осилить. В *третьей* стране – лекарства… поддельные. И только в *четвёртой* стране родитель получает то, что надо и на разумных условиях. Вывод: в первых трёх странах государство совершенно не заботится о людях, косвенно подразумевая и предполагая их скорую деградацию и уничтожение. Бог с ним, как говорится, с лекарством от простуды. Чай, ребенок выдюжет на чае и на мёде… если, впрочем, чай и мёд доступны. А если речь пойдёт о лечении рака, или другой какой-нибудь серьёзной заразы? Налицо дьявольская позиция первых трёх государств и богоугодная позиция четвёртого. Хотя, в основе, как мы видим, лежит обычная общечеловеческая проблема.

Причём, если спросить, какой из трёх примеров в наибольшей степени отдаёт дьяволизмом, Вы без труда назовёте *третий*, ибо… пропаганда говорит, что лекарство есть и оно доступно, но в итоге все заверения оказываются липой. Типичный пример, относящийся к «отцу всякой лжи». Ничего, кстати, не напоминает?..

Таким образом, налипая на «общечеловеческое», «государственное» может либо помогать человеку, либо ввергать его в стресс, безусловно, сокращающий, а следом и уничтожающий жизнь. Замечу, что тут всё предстаёт далеко не чёрно-белым, и любой мой критик сможет сразу же выставить хотя бы два вполне оправданных возражения: во-первых, мол, есть неизлечимые болезни, от которых умирают независимо от наличия или доступности лекарств; а во-вторых, что особенно важно, запреты и неудобства часто способствуют прогрессу: дескать, дóроги наркотики, и я их поэтому не покупаю и, следовательно, не употребляю, — и в итоге я буду жить лучше и намного дольше, чем любой наркоман. Здесь, в первую очередь, нужно отметить, что неизлечимых болезней становится всё меньше, и в развитых странах уже лечат рак и вовсю продлевают бренные жизни. На восклицание «ну и причём тут это?!» я должен заметить, что Христос, воскрешая Лазаря и всех других, отнюдь не декларировал им супердолгую жизнь, но, исцеляя людей, поступал богоугодно, продлевая и тем самым объективно улучшая человеческое существование, — к слову, вопреки дьяволу. Кроме того, очевидно, что никакие запреты никогда не останавливали страждущих грешников и тем самым никогда не способствовали прогрессу человечества, а скорей, наоборот. Таким образом, любое тоталитарное государство, не обеспечивающее элементарных условий благополучия людей и накладывающее никчёмные запреты, ещё больше вдохновляющие искателей кайфа, прямо или косвенно способствует уничтожению человека и, как следствие, человечества.

К сожалению, часто ошибались те, кто из лучших побуждений старался противопоставить общечеловеческое государственному – впрочем, как известно, благими намерениями выстлана дорога отнюдь не в рай. Помните М. Горбачёва, который превозносил общечеловеческие «гуманитарные» ценности, противопоставляя их «государственным», в смысле советским? (Тут так и просится известный афоризм: *советскую* власть заменили на *бессовестную*…) К великому сожалению, однако, *общечеловеческое* не может обойтись без *государственного*. Уж слишком много нас разных, чтобы как-то взаимоприемлемо самоорганизоваться. Опыт последних десятилетий Сомали, где полностью отсутствовало государство как таковое – наглядный пример анархии, загоняющей человеческую природу в угол почище любого тоталитарного режима. Кстати, Россия и Афганистан девяностых тоже могли бы стать неплохой иллюстрацией сказанному. Стоит добавить в связи с этим, что десятки тысяч лет позитивной общечеловеческой генетики не помешало почему-то стучать на соседей при Сталине, оговаривать невинных евреев при Гитлере и убивать в Руанде только за то, что ты тутси, а не кхуту.

В итоге оправдано вести речь о симбиозе общечеловеческого и государственного, притом что последнее должно способствовать эволюции человека, развивать только *общечеловеческое со знаком плюс* и тем самым помогать человечеству восходить – условно повторяя за ведистами, – по золотому пути, предназначенному создателем.

Избегая упрёка в наивном идеализме, особо подчеркну тот факт, что во всех без исключения случаях обозримого прошлого государство выводило *доброе-общечеловеческое* только лишь методом «от противного» – ну если не считать «Утопию» Томаса Мора и прочие «Эльдорады» со «снами Веры Палны» Н. Ченышевского – я, разумеется, не копаюсь в Асгарде Ирийском, а тем более в Гиперборее. Пример *первый*. Во время ста пятидесяти лет Pax Romana, – а это пока рекорд мирной жизни на планете – по крайней мере, за последние тысячи лет, – соседи римской империи на неё не нападали и её граждан не убивали, совсем не потому, что были исключительно сострадательны и душевны, а просто потому, что боялись скорого жестокого ответа римлян. Пример *второй*. Страховочные и медицинские компании США порой готовы финансировать тех политиканов, которые выступают с исключительно пацифистских позиций против любой войны. Причина: зачем платить *полмиллиона* долларов страховки за молодого раненого или погибшего воина, когда представляется гораздо прибыльней использовать человека живым и здоровым, чтобы получать *с него* или *за него* немалые ежемесячные платежи до старости? Наконец, *третий* пример. – Бог любит троицу, как говорится, хоть «третий – и лишний», как правило. Кандидат в конгрессмены или в сенаторы, стараясь, прежде всего, для себя, всё-таки вынужден обеспечивать строительство школ, больниц и мостов в своём графстве – иначе его просто отзовут или вновь не выберут, – крах надеждам, короче. В результате получается интересная вещь: никто не думает о мотивах и причинах, но всех ублажает сам конкретно осязаемый факт: матерей США радует то, что их дети не идут и не пойдут на войну, не умирают или не будут умирать; обыватели искренне рады строятельству новых школ, мостов и больниц и т. д. В России же, например, никогда в обозримой истории не думали ни о конкретных людских чаяниях, ни о самих людях. Тут, как говорится, никаких проклятых империалистических страховочных компаний и никакой выборной логики! Какая, мол, разница в том, что и как думают в Псковской области или в Приморском крае. Лидер сказал – так и будет!..

Где и какому именно государству удаётся способствовать развитию общечеловеческих ценностей в большей степени, не нам, как говориться, судить, с пятью-то или десятью процентами задействованного стопроцентного мозга. Одни предпочли Норвегию и Швейцарию, другие защищают Штаты с Израилем, третьи без ума от Швеции и Новой Зеландии с Австралией и Канадой заодно. Но все, наверняка, сойдутся в понимании того, что проколы, аморальщина, экономическая непруха, близорукая политика, наконец, криминал и всеобщая коррупция государства, как правило, балансируются агрессивной *пропагандой* прелести жизни в таковом государстве и чести быть его гражданином.

Ну, правда же, посудите сами: зачем человеку кричать, что он сильный, если все видят, что у него рост «6,2» да косая сажень в плечах? Ведь не кричит же Бил Гейтс на каждом углу, что он богат. Но посмотрим на амбициозного слабака: этот всех будет стараться убедить, что он на самом деле очень силён, дескать, внешность обманчива, – мол, не подходите!.. А заносчивый бедняк, особенно ухаживая за приглянувшейся ему дамой, начнёт вдруг сорить деньгами, прикидываясь *крутым*…

Когда мы говорим «государство», то представляем группу имущих и властных персон, управляющих определённой территорией и населением. При этом в демократии – разноголосый хор представителей общечеловеческих и часто – хотя, увы, и не всегда – положительных ценностей. В тоталитарном же государстве – голос одного и главного лидера (как правило, малокультурного, чтобы ненужных «умных сомнений» не имел), вольно или невольно воплощающего, как правило, дьявольские установки. Поэтому политические лидеры тоталитарных государств (как И. Сталин, Ю. Андропов, Ким Чен Ын, Ф. Кастро, У. Чавес и В. Путин, например) – это, как правило, и есть те руки, которыми дьявол уничтожает землю. Так и хочется воскликнуть в заключение: *Аминь…*

Взгляд остатков совести на современный мир

Бог мой, как я стара! Я ещё помню порядочных людей.
Ф. Раневская

Мировоззрение любого нормального человека призвано изменяться под влиянием вновь полученных знаний, новых открытий, наконец, при переосмыслении сути жизни и истории. Представьте себе младенца, который вдруг законсервировался в своём развитии. Как Вы назовёте такую особь в зрелом возрасте: «лохом», «дауном», «олигофреником», «идиотом»?.. Всё ясно: ребёнок меняет свое мировосприятие, становясь подростком; подросток начинает по-иному смотреть на мир, переходя во взрослость и так далее до старческой мудрости. Хотя, как известно, мудрость не всегда приходит с возрастом. Часто возраст приходит один… Увы, но давно прошли те времена, когда старики могли надоумить подрастающее поколение в истинах, познанных методом проб и ошибок на протяжении многих десятков тысяч лет. Как ни горюй, но до всего мы теперь должны доходить сами.

Кстати, заметьте, творчество любого выдающегося художника – не только холста, но и слова – обычно и, кстати, вполне научно делится на периоды: *голубой* период Пикассо отличается по мировоззрению и воплотившему его творчеству от *розового* периода; Ф. Достоевский – сторонник Петрашевского – сущая противоположность автору «Преступления и наказания». А уж что говорить о Льве Толстом – офицере-бабнике глянцево-петушиной французской ориентации или о так называемой философии толстовства, то есть «непротивления злу насилием»… в перевязанной поясом холщовой рубахе навыпуск?!

В этой связи я всегда громко протестовал против принятых во всех науках ссылок на авторитеты. Когда я слушаю лекции Андрея Кураева, например, то невольно задаюсь вопросом: Какого Ницше, Чосера и Тертуаллиана он имеет в виду? Когда цитируемому авторитету было пятнадцать… тридцать пять… или пятьдесят лет?.. Ведь если через тысячу лет кто-то сошлётся на меня, что ссылающийся будет подразумевать: мои убеждения возраста тридцати трёх – сорока трёх лет, когда я всецело был поглощён только христианской литературой или моё более просветлённое мнение о ничтожности института официального христианства-православия, осознанное в возрасте пятидесяти трёх-четырёх лет? Ну чтобы совсем ясно было, представьте себе ссылку на Сен-Санса, написавшего своё первое произведение в возрасте трёх лет, или на Моцарта с его первой симфонией в шестилетнем возрасте. Вопрос: когда музыкальные критики ссылаются на Сен-Санса, что именно они имеют в виду: младенца Сен-Санса или автора «Carnaval des Animaux» (?); ребёнка-Моцарта или автора «Сороковой симфонии» и «Реквиема»? Что же остаётся сказать, когда речь идёт о статьях в журналах, диссертациях и прочих научных опусах? Если Вы хотите благополучно состояться как исследователь, Вам просто необходимо цитировать прежних авторитетов, невзирая на то, что Вы, быть может, талантливее их. Особенно когда представляются теории, которые хотите опровергнуть, вскрыв несостоятельность прежних постулатов под влиянием новых разработок и открытий. Хотя, извините, но что толку от цитат ради приличия?..

Всё это имеет самое непосредственное отношение к мировоззрению современного человека, которого в качестве стабильного и непреходящего просто не может быть по определению. Все философии, все взгляды на мир в известной нам человеческой истории оказывались политически обусловленным пшиком или поверхностно исследовательскими домыслами – будь то атомизм Демокрита, дарвинизм или марксизм – всё в итоге оказалось некачественным продуктом недоразвитого мозга.

Существенней всего тут представляется извечный вопрос: «А судьи кто?» В этой связи невольно приходят на память такие устоявшиеся и почему-то общепринятые ляпы, как название Красной площади якобы из-за её цвета, – а Кремль, как известно, всегда был *белокаменным*; культурологическая наполненность понятия «американец», хотя американец – это географическая общность взаимоотрицающих культур; перевод «orthodox» как «православие», хотя «orthodox» означает «правоверие», тогда как «православие» – это исключительно ведический, иными словами, по-христиански «языческий» термин. Но вернёмся к судьям. Когда мы в детстве писали сочинения или контрольные работы по алгебре, соответствующий учитель, знавший все ответы или все потенциальные способы раскрытия литературной темы заранее, оценивал наши опусы соответственно оценками «3», «4», «5» или «2». – Почему? – Потому что этот «условный» учитель знал на сто процентов то, что соответствует правильности, а что не соответствует.

Теперь, следуя всем понятной логике, обратимся к признанию-непризнанию тех или иных теорий, включая присуждение Нобелевских премий. Начнём с положительного примера. Учёный изобрёл «двигатель с колёсами», и машина поехала. Браво! Все видят. – Автор, безусловно, заслуживает высшей награды. Или взять хирургов. Человек всю жизнь страдал от сердечной боли, а тут ему сделали шунтирование, и в результате он в свои семьдесят лет прыгает и бегает как ребёнок. Опять же браво, и, как говорится, комментарии излишни. Но, вот появляется теория эволюции Дарвина, – никто не видел, никто не слышал, не осязал, что происходило десятки тысяч лет назад, – но тем не менее все почему-то согласны… Или что, оценщики данной теории знали точно, что Дарвин прав? Тогда все лавры должны достаться им, а не Дарвину. Впрочем, кто эти оценщики?!. Задумывались ли Вы о логике присуждения Нобелевской премии за фундаментальные исследования – подчеркиваю: не прикладные результаты, которые все могут наблюдать? Посудите сами, Нобелевская премия присуждается за выдающиеся прорывные открытия, опережающие время. Значит, жюри должно стоять хотя бы на ступеньку выше самого талантливого, *прорывного* открывателя, чтобы просто определить значимость или фантазёрство его исследования. Не кажется ли Вам, что тут мы имеем дело с замкнутым кругом маразма?! – Итак, учёный, условно с предполагаемыми «восемью процентами» развития мозга, делает заключение о существовании какой-либо формулы (например, формулы Пуанкаре – уж простите за обывательскую банальность), что условно соответствует пониманию людей с «десятью-двенадцатью» процентами развития мозга. В итоге жюри, где у «оценщиков-исследователей» мозг развит лишь на «семь процентов»), приходит к выводу о значимости или незначимости открытия… Не кажется ли Вам, что тут имеет место явная нестыковка? (Я уж не затрагиваю такие откровенно субъективные премии за мир, как террористу Арафату и прочим «Горбачёвым», а также «литературным гениям южного полушария», – бедный Нобель, одним словом…)

Данный контекст, как говорят лингвисты, невозможен и без ссылок на религию – к слову, атеизм это тоже своего рода религия – только со знаком «минус». Тут напрашивается наипримитивнейший, но вполне чёткий вопрос: почему христианам, мусульманам, иудаистам, буддистам и прочим верующим невозможно однозначно доказать приоритет именно своей религии? То же, кстати, относится и к конфессиям внутри мировых религиозных направлений. Почему, например, не объявить в школьных учебниках, что, дескать, для жителей аравийского полуострова подходит суннитский ислам, для славян – христианство греческого обряда (так называемое «православие»), а для жителей Западной Европы – католицизм? Когда отвечают, что вера и гностически ориентируемый разум суть разные вещи, то явно лукавят, *то бишь врут, батенька*, – подметил бы иной, выкинув руку вперёд, – ибо разъяснения любого священнослужителя – это не бессвязный бред, предполагающий полное отсутствие опоры на разум, а, как правило, цепочка логически связанных причинно- следственных доводов, задействующих самые что ни на есть мыслительные процессы. Люди верят в Бога (или *в богов*), так как разумом осознают его (их) воздействие на судьбу человека, а также тем же самым разумом осознают его (их) биографию. Животное, у которого почти нет разума, богу не поклоняется… Тот же самый разум позволяет рано или поздно подметить существенные нестыковки и противоречия в священных писаниях. – Так, в Библии они просто вопиющи и рассчитаны, мягко говоря, на не очень вдумчивых людей, – например, на ком женились Каин и Сиф, если у Адама и Евы были только сыновья?.. В результате в поисках недостающих или конкретизирующих ответов на вопросы бытия, верущие и думающие люди обращаются к ведам – так называемому *язычеству*, к оккультизму и даже к атеизму, то бишь грубому материализму. Например, последние и весьма многочисленные археологические находки людей и предметов более чем десятитысячелетней давности перечёркивают широко распиаренные тезисы иудаизма, христианства и ислама о сотворении мира. …Вполне материалистическая микроволновка начинает работать, когда её включают в сеть; но в то же время груда кирпичей никогда не превратится в стену или в дом без какого-либо осмысленного рукоприложения извне, хоть пролежит миллиарды лет. Как Вы видите, противоречие на противоречии, недосказанность за недосказанностью и, как говорится, противоречием с недосказанностью погоняют. В итоге среднестатистический ищущий человек в течение жизни обретает калейдоскоп разных верований, порою даже не осознавая, сколько разных взаимоисключающих постулатов перемешиваются в его мировоззрении.

Когда рассуждают о различных философских направлениях и теориях, короче, о мировоззрениях, то готовы говорить в этой связи о чём угодно, только не о наличии или нехватке времени у философов на изучение высшего разума. И, вправду, задавался ли кто вопросом относительно того, было ли достаточно времени у Гегеля, Канта, Шопенгауэра и Ницше, чтобы глубоко изучить древнегреческую философию, веды, учение майя и другие теории? Думается, что у этих *ребят* время, наверно, все-таки было, ибо все они имели доход и, так сказать, жилищно-коммунальные условия, способствующие учёбе и творению. А вот что касается наших современных мыслителей, которым нужно успеть заработать, прокормить детей и обеспечить себе какую-никакую сносную старость, тут дело обстоит сложнее. Например, остаётся ли у них достаточно времени на изучение чего-либо в возрасте тридцати, сорока и пятидесяти лет? Увы, навряд ли. И когда для самых удачливых счастливчиков-миллионеров открывается возможность творить на пенсии, мозг отказывается работать, как прежде, и потому пожилые и обеспеченные «умы» стараются придерживаться прежнего, усвоенного наспех в суете молодых лет, не соответствующего никакой истине учения. Зайдите, например, в любой христианский храм, чтобы в этом убедиться.

При всём при том, как бы это пародоксально ни звучало – даже вопреки конкретному мировоззрению, – человек должен регулярно ходить в храм: в христианский ли, в мечеть ли, в синагогу ли и так далее. Посещение храма должно стать неотъемлемой частью любого мировоззрения. Поясню: телу нужен душ. Неважен химический состав воды и напор струи. Душ необходим, чтобы дать телу массаж, дабы взбодриться и почувствовать себя полноценным человеком. Так и душе, ей тоже нужен своего рода душ – время, когда её обладатель не думает о земном, а становится на пару часов гражданином вселенной – существом, задумывающимся о вечных вопросах бытия и сути человеческого предназначения. К сожалению, нигде не существует храмов «Высшей силы», «Абсолютной истины», «Вселенской правды» и тому подобных именований, поэтому все мы вынуждены выбирать то, где нам исторически предназначено бывать, или, что просто ближе и удобнее географически. И если человек посещает римско-католический храм, это совсем не означает, что верующий полностью разделяет все постулаты папских соборов и страстно поддерживает аморальность католических священников, повально занимающихся педофилией и прочими извращениями. Просто верующий страждет подумать о чём-то высшем, о божественном – по крайней мере, хотелось бы на это надеяться. В этой связи характерно и то, что само появление и достаточно благополучное развитие мировых религий как раз и обусловлено объективным наличием духовного, надчеловеческого, и, если хотите, космического, к чему всегда невольно тянулись люди всех стран, культур и времён.

Известно, что в бреши того или иного мировоззрения, особенно в места логических связок между различными постулатами, мощным и бурлящим потоком – уж *пардон за пафос* – устремляется пропаганда. Нет связующего звена между обезьяной и человеком? – Не беда (!) – всё равно дарвинизм прав, а если Вы не согласны, то Вам не место в академической науке… Сифилитика Ульянова-Ленина отравил Сталин? – Ерунда! Он сам умер в Горках… от старости… хотя, погодите, ему ведь было только пятьдесят четыре… Ну, да ладно, слушайте, что Вам говорят и уясняйте, а не то… и подобные окрики сверху… аж до 2014-года, когда опрос Левада-центра показал, что семьдесят процентов россиян уверены в развязывании Первой мировой войны Соединёнными Штатами… Сплошные многоточия, как видите, но что прикажете здесь поставить – разве что вопросительный знак?!

Ведя речь о мировоззрении, мы говорим не о совести, а о её остатках. Почему вдруг? Наверно, предположит иной, потому что мы все люди грешные и способны оперировать лишь маленькой толикой совести, то бишь голоса Божия. Дескать, гневаемся, завидуем, жадничаем и совершаем другие грехи или грешки, а значит, ста процентов совести в нас не присутствует по определению. Абсолютно верно! Впрочем, говоря об остатках совести, я имею в

виду и нечто другое. В тоталитарных государствах каждый обречён быть... да-да, не удивляйтесь... преступником. Банальный пример: «святой» едет по дороге... его останавливает ГИБДДшник и говорит: «У Вас грязная машина, поэтому я хочу снять у Вас номера...». «Святой» водитель, естественно, не хочет возвращаться восвояси пешком, а потом ещё несколько месяцев выбивать номера обратно. Поэтому он решает: дам взятку, чтоб инспектор отвязался... Так «святой» становится нарушителем закона, то есть преступником. В РФ, например, аналогичная ситуация случается с каждым, и не раз: начиная с оплаты школьных оценок и кончая взятками военкому, врачам, экзаменаторам, санитарным инспекторам, судьям, чиновникам местной администрации и просто ментам. Таким образом, когда житель так называемой России достигает тридцатилетия, он уже столько раз оказывается нарушителем закона и конформистом, что если при этом в каких-то отдельных вещах и остаётся совестливым, то той самой совести у него обнаруживаются лишь остатки — ну может быть, по отношению к семье, родственникам и друзьям, что в нынешней РФ, впрочем, весьма непопулярно... Что же касается не *его*, а *её*, то тут, как правило, и говорить-то не о чем. За исключением очень сильно «ограниченного контингента» *неприкасаемых* блатных девчонок со связями, жён ФСБшников и высокопоставленных ментов, единственный путь для постсоветской женщины — это через постель, то есть через прямую и открытую продажу души дьяволу... *С учётом всего вышесказанного* (...не правда ли гнусное бюрократическое клише?) весьма адекватно, к сожалению, воспринимается и совсем недавняя цитата Сергея Пахомова, помещённая, кстати, и в Википедию. В ней говорится «следующее» (ещё одно бесовское слово...): «В начале 70-х годов XX века совесть исчезла как понятийность». Переборщил тут, конечно, наш знаменитый «андеграундовый»
 — по-русски «подпольный» — певец и сценарист, но... я отчётливо вспоминаю ведущих российских чиновников и бизнесменов девяностых, которые в кулуарах после переговоров любили повторять: «...теперь ни у кого нет совести».

В Америке, а я уверен, что и в Австралии, и в Европе есть возмоможность сохранить хотя бы значительный процент совести — если можно так выразится, — взятки никому давать не надо, а дедушка с тётушкой оставили какое-никакое наследство, так что сам бог велел жить-не тужить да не жаловаться! Конечно, ночные клубы, секс, мелкие обманы ради карьеры... но чувство справедливости при этом может оставаться в значительной степени нетронутым. В итоге среди американцев, где для большинства людей важны семейные и религиозные ценности, а также среди австралийцев и европейцев, мы видим (пока!.. – хотя и, увы, во всё меньшей степени) значительный и превалирущий процент людей с совестью, чего, увы, не скажешь о гражданах тоталитарных стран.

Кстати, Вы не замечали, насколько мы, рождённые и выросшие в *тоталитарно-вертикально-структуированных* государствах, поддаёмся пропаганде, принимая слишком многое на веру. И только время от времени, довольно редко, невольно возникает вопрос: «А правда ли это?» – Так неожиданно, тихо, но настырно вопрошают остатки нашей совести.

Надежды на эмиграцию из рабовладельческого паханата

Мила нам до́бра весть о нашей стороне.
Отечества и дым нам сладок и приятен.
«Арфа» Г. Державин[1]

«...*Дым от чего?* – позволю спросить – от лесного пожара?.. от полыхания чьего-то незастрахованного жилья или склада?.. от взрыва легковушки, некогда обретённой за собранные по крохам сбережения?.. а может, от только что упавшего гражданского самолёта?..». Подчеркну, что речь идёт именно о дыме, а не о банном и кухонно-кулинарном паре или, скажем, о романтическом утреннем

---

1 Это изречение стало широко известно после его упоминания А. Грибоедовым в «Горе от Ума» (...А. Чацкий:).
Опять увидеть их мне суждено судьбой!
Жить с ними надоест, и в ком не сыщешь пятен?
Когда ж постранствуешь, воротишься домой,
И дым отечества нам сладок и приятен.

тумане. Выходит, что если в отечестве что-то горит, уничтожается и умирает, это «сладко и приятно», поскольку несчастье случилось не у каких-нибудь проклятых пиндосов и укропов, а у нас, на родине доблестных Штирлицев и Ночных волков. К слову, только в одном смысле *дым* рассматривается как положительное явление – это когда речь идёт о бдении (часто *пьяно-гитарно-слезливом*) у костра, над огненными языками которого взлетает таинственно густеющий, внезапно растворяющийся и куда-то наверх улетающий дым. Но и то, вряд ли «сладко и приятно» было бы сунуть свою блаженно расслабленную физиономию в эту едкую, удушающую газообразную среду, – вот и сидят романтики на почтительном расстоянии от *эпицентра задымления*. Впрочем, эти весьма пошло-прагматические размышления служат одной важной для русского человека цели: показать, насколько крепко вбитые в сознание догмы попросту лживы; до какой степени мир рисуется с «точностью до наоборот»; и, наконец, в какой мере мыслящий русскоязычный землянин обязан почувствовать ненормальность и античеловечность так называемой патриотической пропаганды.

Те, кто жил в СССР семидесятых прошлого века, наверняка помнит, как *все всё* тогда ругали: и дефицит, и отсутствие свобод, и железный занавес, и прочие недостатки советской системы. К слову, все ругали, а молодой Вова Путин, добровольный стукач, эти антисоветские примечания втихаря записывал и докладывал в «Первый отдел»… Но сейчас не об этом. Итак, когда кто-то что-то ругает, то, очевидно, хочет чего-то совсем иного (извиняюсь за весьма примитивно звучащую фразу). Короче, почему ругали, всем вроде бы понятно. А вот чего хотели? Поскольку я неисправимый обожатель *Да/Нет* тестов (тут ведь нет места для пропагандистских «ля-ля-тополя» – вопрос, как говорится, ребром), то, пожалуйста, всем, кто жил в СССР в семидесятые –восьмидесятые годы, позвольте предложить вот такие утверждения для однозначного комментария:

1. Мы хотели, чтобы СССР стал вертикально структуированной страной, где правит бывший стукач, а главной системной составляющей была бы коррупция, то есть взяточничество и блат.

да ☐   нет ☐

2. Мы хотели, чтобы наша страна стала сырьевым придатком мировой экономики, в то время как новейшие технологии будут по-прежнему импортироваться.

да ☐   нет ☐

3. Мы хотели, чтобы уровень образования в стране понизился настолько, что останавливаемые на улицах Москвы люди не знают, кто такой Кутузов и Юлий Цезарь, а семьдесят процентов населения уверены, что Первую мировую войну развязали США.

да ☐   нет ☐

4. Мы хотели, чтобы взамен коммунизма воцарился бы криминальный капитализм с бандитской при_х_ватизацией и управлением представителями самой преступной организации в истории человечества – *ЧК-ОГПУ-НКВД-МГБ-КГБ-ФСБ.*

да ☐   нет ☐

5. Мы хотели, чтобы в новой стране наши звёзды искусства выступали бы в основном на Западе, а спортсмены тренировались бы в основном за рубежом из-за недостатка требуемой инфраструктуры.

да ☐   нет ☐

6. Мы хотели, чтобы наша страна постоянно воевала, провоцируя и поддерживая военные конфликты с некогда братскими республиками СССР, народ которых всё больше нас, мягко говоря, не уважает.

да ☐   нет ☐

7. Мы хотели полной аморальщины в нашей стране: чтобы тысячи женщин ряда регионов становились и искренне стемились стать валютными проститутками, а тысячи молодых людей – бандитами и жуликами-разводилами.

да ☐   нет ☐

8. Мы хотели вопиющего социального расслоения общества, когда какие-то бывшие комсомольские деятели вдруг объявляются хозяевами предприятий, на которые горбатились наши отцы, а подавляющая часть народа должна думать, как свести концы с концами.

да ☐   нет ☐

9. Мы хотели, чтобы возрождённая РПЦ и её руководители – бывшие штатные и внештатные сотрудники КГБ – погрязли в тяжких грехах коррупции, продажи сигарет и марочных вин, повальной педофилии и в прочей самой разнообразной аморальщине.

да ☐   нет ☐

10. Мы хотели, чтобы в нашей стране не было свободных СМИ, а основные телеканалы и пресса выражали бы только точку зрения властей.

да ☐   нет ☐

Если Вы ответили «Нет» на все эти посылы, значит, Вы критиковали отечество совсем по другим причинам. Но вот, что любопытно: и те, кто уехал из страны в допутинское время, и те, кто валит сейчас, – протестуя как раз против тех реалий, которые подразумеваются в данных десяти положениях, – волей-неволей подложили изрядную свинью советским и постсоветским рабовладельцам. Тут, к слову, напрашивается один *вечный* вопрос: как бороться с рабством, то есть с рабовладельческим строем, вот уже почти сотню лет царящим на территории бывшей Российской империи? «Очень просто, – скажу я вслед за Махатмой Ганди. Если все рабы разбегутся – причём без единого выстрела, – то рабовладелец перестанет быть таковым!». Не правда ли занятно: если одиночка-матрос *сигает* с корабля, или, скажем, М. Барышников, с А. Литвиненко (царствие ему небесное!) остаются за бугром, то эти *рабы* гневно клеймятся предателями; а вот если двадцать тысяч кандидатов и докторов наук убегают из страны (это официальная статистика последних лет), то это, понимаете ли, вполне приемлемое социальное явление, именуемое «утечкой мозгов»?.. Чувствуете ледяное дыхание пропаганды? Ну а что касается отвратительного понятия *рабы*, таким словом всё чаще и чаще кличут так называемый российский народ. Впрочем, мы не о том. Для российской эмиграции, начиная с конца двадцатых годов XX-го века, характерна оппортунистичность и часто неразборчивость в выборе страны назначения. Судите сами: полуграмотные выходцы из Гондураса, Сальвадора и Гватемалы метят только лишь в США; северо-африканские арабы стремятся только в Европу; а русские – прямо как сирийцы, в панике убегающие от ISISа и Асада – готовы устремиться куда угодно, лишь бы подальше от «родины» – и в Турцию, и в Китай, и в Прибалтику, и в Европу, если повезёт, не говоря уж об Израиле, Канаде и США. Что поделать (?): вот уже почти сто лет греет русских людей мысль о возможности эмигрировать, точнее, сбежать в один прекрасный день, оставив рабовладельцев с носом… «Запасные аэродромы», кстати, – из той же оперы – только вот будут ли летать самолеты в час «х»? Тут невольно на ум приходит одна популярная у студентов-семидесятников частушка:

По стене ползёт кирпич.
Клоп ползёт по скатерти.
Вот бы сесть в аéроплан –
Да, к е@ени матери.

Садиться в аэроплан и улетать по вышеобозначенному адресу было дозволено с начала девяностых до наших годов, а это примерно двадцать пять лет. То есть как раз тот срок, который вполне достаточен для прозрения и для принятия судьбоносного, как говаривал М. Горбачёв, решения: перестать быть рабом. Короче, наиболее прыткие и свободолюбивые из нас сели и улетели, а когда приземлились на свободе, то увидели, что абсолютное большинство иммигрантов суть… совки, так называемые агенты влияния, защищающие ФСБшных глашатаев с их лозунгами. *Пичалька как бе, то бишь непонятка,* – слышу я, почему-то, «падонкафские» нашёптывания. Я лишь успевал широко открывать рот, когда мои университетские друзья спешили в Вашингтон, чтобы поаплодировать Д. Медведеву, – заметьте, не бросать гранату, *аки* Гаврило Принцип, но публично изъявлять восторг; а иммигрировавшие из СССР солисты-музыканты некогда ведущих симфонических оркестров горячо поддерживали захватническую политику В. Путина и его крепко зомбированных *путиноидов*, то бишь большинство населения так называемой России. Вообще, забавно – и в то же время очень грустно – что вроде бы все ругали совок, мечтая уехать, а когда уехали, оказались… патриотами совка. Тут почему-то на память приходит генерал И. Деникин, который во время Второй мировой войны защищал сталинский СССР вопреки позиции Русской зарубежной церкви, благословившей Гитлера на поход против бандитов-большевиков. Впрочем, всё потихоньку распределялось по полочкам и вставало на свои места. Бывшие высокопоставленные и иммигрировшие под влиянием остатков совести в США чиновники КГБ рассказывали, как скурпулезно и планомерно готовили российские спецслужбисты захват *лакомых* отделов *нужных* компаний (вспомним, хотя бы Максвелла); оприходование зарубежных религиозных учреждений – как тут не помянуть объединение ROCOR и РПЦ в мае 2007-го (?!); наконец, формирование нужного мировоззрения в среде университетских профессоров – полезных идиотов, как говорил «наш дорогой Ильич». (По каналу *Аль Джазира* часто выступает некий профессор-эмеритус из Нью-Йорка, который с пеной у рта доказывает правоту кремлёвской шайки в украинском кризисе…)

В результате нашим надеждам на эмиграцию, и в итоге на иммиграцию, не суждено было (и, скорее всего, не суждено *будет*) сбыться по двум причинам: во-первых, эмиграция и, как следствие, *иммиграция* – подметим не без грусти – перестают быть политически воспринимаемыми явлениями, заслуживающими какого-либо внимания принимающих стран, за исключением, разумеется, кратковременной кампании бегства из зон военных конфликтов. С одной стороны, миллионы людей перемещаются из страны в страну ежегодно – мол, поди разберись, кто, куда и зачем; а с другой стороны, интернет сделал мир настолько общим и маленьким, что пребывание в той или иной стране может и не подразумевать определенной политико-географической или экономической привязанности индивида… Помнится, энное количество лет назад я был на интервью-собеседовании в «Мотороле». – Вообще, все осчастливленные моим посещением фирмы ассоциируются с чем-то особенным: например, «CISCO Systems» навек останется в памяти своим невероятно обширным буфетом; «Oral-B» – сплошными стеклянными перегородками и эславаторами; а вот «Моторола», которую я привожу в качестве примера, запомнилась тремя вещами: в первую очередь, громким раздражающим шумом лабораторий, где, видимо, испытывают не только новые трубки, но и нервы сотрудников; во-вторых, обкомовским видом главного офиса и абсолютно КГБшным обликом ходящих по трое корридорных дежурных, одетых в одинаковые голубые пиджаки и темно-синие брюки – прямо как у нас во время Олимпиады-80; ну и, в-третьих, меня, так сказать, экзаменовала «приёмная комиссия» человек из десяти, где все были разных рас и национальностей; помню, там были инженеры из Нигерии, Саудовской Аравии, Японии, Германии и Ирландии. И вот я подумал: поступи на работу в такой разношёрстный коллектив, там вообще никто не будет принимать во внимание твою культурно-национальную идентичность и уж тем более причину иммиграции. Кругом представители разных культур, и все замкнуты лишь на результатах труда. – При этом совершенно не важно, по какой причине в компании оказался добившийся или не добившийся производственного результата конкретный иностранец. Когда-то вертолётостроение и балет связывались исключительно с иммигрантами из России; космические исследования, автоинженерия и производство пива – с немцами; булочки и прочие печёные *вкусности* – с французами и так далее; а нынче новые и давние иммигранты настолько перемешались, что говорить о каком-то специфическом национальном характере, по крайней мере на работе, просто не приходится.

Ещё одна причина несбыточности нашей светлой мечты о счастливом, так сказать, иммиграционном будущем заключается в том, что выходцы из СССР, имперской и постсоветской России, никогда не представляли из себя какой-либо монолитной политической или экономической силы, заставляющей прислушаться. К примеру, даже список Магницкого был предложен не каким-либо иммигрантским объединением, как, скажем, Всемирный Русский Конгресс, РПЦЗ и тому подобные структурами – к слову, насквозь пропитанными кремлёвской пропагандой, – а самым что ни на есть американским сенатором Беном Кардиным. При этом заметим, что ему, демократу – а демократам внешняя политика, вообще, как правило, до фонаря – российские дела оказались ближе и понятнее, чем миллионам русских иммигрантов… Обращает на себя внимание факт полной пассивности русских национальных объединений в тех случаях, когда речь идёт об оппозиции советским и постсоветским властям. Но зато эти, так называемые деятели-патриоты, исключительно активны, когда дело касается поддержки кремлёвских властей, – взять, хотя бы, недавнее ФСБшно-организованное и спонсированное объединение церквей или постыдные акции агрессии против Грузии, аннексии Крыма, пытки в тюрьмах ради выбивания денег и другие подвиги властей РФ. Почитайте и послушайте Бориса Перчаткина, Евгения Преображенского, Павла Калугина, – он возглавлял Санкт-Петербургский КГБ, когда там работал простой офицер-неудачник В. Путин; наконец, тех же, *оппозиционно-привычных* Юрия Фильштинского, Александра Литвиненко и Валерию Новодворскую.

Начиная с двадцатых годов прошлого столетия, советские властные преступники – Джугашвили-Сталин и прочая мразь, захороненная у Кремлёвской стены, – делали всё возможное, чтобы разделить иммиграцию и не дать возможность эмигрировавшим русским проснуться и прозреть, чтобы назвать большевистских ублюдков своими именами. Позже, в шестидесятых годах двадцатого века, господину (точнее, *товарищу*) А. Сахаровскому[1], генерал-полковнику *гв*… то есть *гб*… возглавлявшему советскую внешнюю разведку, пришла в голову идея об агентах влияния, а именно о тех людях, которые, не будучи профессиональными разведчиками, смогут влиять на мировоззрение западных граждан в нужном для Кремля ключе. Вот и появилась целая армия финансируемых, поощряемых или вдохновляемых ФСБ-КГБ иммигрантов, которые почему-то быстро пробиваются на хорошие высокооплачиваемые должности и всегда поддерживают властных кремлёвских жуликов, в то время как не менее талантливые люди часто не в состоянии найти работу и вынуждены возвращаться в постсоветскую Россию.

Знаменательно в данном контексте и обращение к иммигрантским СМИ и, прежде всего, к литературно-художественным жураналам, издаваемым за пределами России, что, естественно, близко моему сердцу, как достаточно широко публикуемому поэту. Тут я сразу оговорюсь: не берите ближнее зарубежье в расчёт – там главные редакторы, как правило, страдают серьёзной псевдорусско-шовинистической патологией, – а поскольку грешно смеяться над

---

[1] Подразумевается ссылка в мемуарах бывшего руководителя румынской спецслужбы Йона Почепы.

душевнобольными, давайте не будем таковых трогать. Я порассуждаю о журналах Европы, США, Австралии и прочих стран, где уровень зомбирования несравнимо ниже, чем на территориях бывшего СССР. Занятно, но в сегодняшнем мире навряд ли найдется хотя бы один русскоязычный журнал, готовый публиковать материалы о крахе российской цивилизации, безнравственности и лицемерии РПЦ, овцеподобном верноподданичестве населения и позорной истории постсоветского *капитал-бандитизма*, – тут, подмечу, напрашивается совсем не мой эпитет («идиотизм»), а А. Серебрякова, исполнителя главной роли в нашумевшем фильме «Левиафан», попросившего сразу же после победы фильма на Каннском фестивале политического убежища в Канаде. В редакциях же изданий Вам в лучшем случае ответят: «Мы не влезаем в политику»… Хотя почему-то политикой не считается прославление позорников и убийц времён Второй мировой войны. Вспомним, например, Г. Жукова, который за 100 дней своего пребывания на Халкин-Голе подписал аж 604 смертных приговора… своим подчинённым, – впрочем, почётным убийцам в СССР и постсоветской России принято ставить памятники… Честно скажу: ни одного нормального свободного русскоязычного журнала (типа прежнего «Континента») я так и не нашёл, – то есть это либо *ФСБшный* «Русский Мир», либо посольское финансирование, либо просто нежелание портить отношения с постсоветскими властями. Грустно, однако… Пиши, короче, о природе и погоде, тогда, может, опубликуют. Всё это как раз имеет непосредственное отношение к несбыточности нашей детски-наивной мечты об эмиграции, сулящей свободу.

Когда фантазируют о потенциальных возможностях иммигрантов, невольно напрашивается вопрос: «А что бы ты сам предложил? А то, мол, воздух сотрясать, на кухне особенно и дурак может». Ну во-первых, история не знает сослагательного наклонения, поэтому про «бы» я вряд ли что-нибудь скажу. А во-вторых, посмотрите хотя бы на Армению. – Признало же международное сообщество геноцид армян, причём только благодаря усилиям диаспоры, то есть иммигрировавших. А теперь представьте, хоть на миг, что абсолютное большинство россиян с мозгами и совестью эмигрировали из своей чекистско-бандитской родины и выступили единым фронтом против кремлёвско-общественной вертикали? Скорее всего, появились бы какие-то ощутимые результаты.

В этой связи я неслучайно упомянул «паханат» – термин, впервые увиденный мной в одной из статей Андрея Пионтковского. Кто такой «пахан» – все знают, поэтому я хотел бы привлечь внимание к самому толкованию понятия «русский». Дело в том, что в соответствии с некоторыми, весьма популярными теориями – староверов-инглингов и прочих «язычников», как таковых именует официальная христианская церковь, – собственно русскими исторически звались «великороссы», «малороссы» и «белорусы», а вот все неславяне, желавшие жить по-божески и следовать морали «великой Расы» звались русскими… Следование морали предполагало соблюдение законов Рита, жизнь в единстве с природой, почитание старших, поведение в соответствии с нравственными законами семьи, рода и подобными исторически проверенными ориентирами. И вот с этой, вполне исторической точки зрения на территории современного постсоветского пространства почти не осталось «русских». Сразу же предвижу гневные возражения, в том числе и одно типичное для ФСБшно-кремлёвских псевдологических пассажей, – услышанное, кстати, на лекции одной русской иммигрантки, преподавательницы экономики из университета Огайо: «…Да, мол, согласимся, что российская система создаёт проблемы, но вот в Англии XVII века было то же самое»… Помните, наверно, как любили говорить разные А. Чубайсы, А. Гайдары и иже с ними в девяностые годы: «…Начальная стадия российского капитализма – точь-в-точь как освоение дикого запада в XIX-м веке»... Ну тут, во первых, не надо быть гениальным мыслителем, чтобы предположить, мягко говоря, несколько иной, существенно отличный от постсоветского характер политической и социальной ситуации в Англии XVII-го века, как и в США XIX-го, – и там и там были вера, уважение к закону, отсутствие «запасных аэродромов», и деньги в другие страны, как известно, никто не вывозил. А во-вторых, я, как родившийся и проживший более тридцати лет в СССР и в постсоветской России, хочу и могу говорить только о России, оставляя Англию анализировать англичанам, Германию – немцам, а Индонезию – наверно, все-таки индонезийцам – в отличие, например, от М. Задорного, который пытается смаху и, как правило, поверхностно судить обо всех других нациях с псевдорусской псевдоколокольни.

Итак, культурологическая суть русского паханата может быть выражена следующим диалогом в самолёте двух весьма бритоголовых россиян-попутчиков (К слову, такой диалог действительно имел место и был пересказан одним невольно услышавшим его журналистом. Я же пересказываю пересказ, поэтому отнеситесь, пожалуйста, снисходительно к возможным неточностям.):

после изрядного приёма на грудь, естественно…
– Ты чё летишь в натуре?
– Да, везу несколько лимонов в одну контору, чтобы там замять одно дельце.
– А я, братан, тоже везу грины кэшаком, чтобы кое-кого замаксать. Ну чё, ещё выпьем?..

Тут комментарии, так сказать, излишни. Политическая же, а точнее, политэкономическая суть «паханата» состоит в строго вертикально-иерархической системе выполняющих криминальные функции членов общества. Паханат напоминает управление обществом разбойничьей шайкой, где во главе стоит «пахан» (так называемый *президент* так называемой *России*), который время от времени консультируется со своими ближайшими подельниками, то бишь приближёнными советниками, опирающимися на преданных системе назначенных сверху надсмотрщиков: губернаторов, судей, иерархов РПЦ, министров и прочих «начальников», которым негласно разрешено воровать, рожать и обучать детей, наконец, покупать недвижимость за украденные в РФ деньги за рубежом и иметь, таким образом, шикарные «запасные аэродромы». Все же остальные члены общества – «гражданского», как именует его нынешний «пахан», – рассматриваются как рабы, которые обязаны вторить властной пропаганде и поступать так, как требует находящаяся у власти разбойничья шайка. Вообще, если вдуматься, слово «пахан» вполне подходит к нынешнему руководителю. Ведь пахан – это не только руководитель преступной системы; это, прежде всего, тот, которого определили быть «паханом», и если «парень» перестал справляться, его могут запросто и убрать или дать ему умереть самому, как И. Сталину, например.

Сравнивая паханов советских с нынешними, сразу же замечаешь одну существенную разницу: те были личностями влиятельными и своего рода заслуженными; В. Путин же до своего назначения был никем, а именно подполковником, выше которого на служебной лестнице стояли тысячи и тысячи старших по воинскому званию в органах и в армии, высокопоставленные чиновники директорского корпуса, руководящие функционеры партийных организаций, а также влиятельные криминальные авторитеты. Естественно, не вызывает сомнения тот факт, что кто-то его подтолкнул и назначил в паханы вопреки всем ранее принятым номенклатурным нормам. Между тем для простого человека паханат остаётся паханатом в обоих случаях. Раньше большинство рабов поневоле мечтали об эмиграции, завидуя «ненавистным евреям» с их реальным или потенциальным отъездом в Израиль. Теперь же такой повальной общественной мечты не существует, так как пропаганда всячески критикует жизнь Западного мира, навязчиво представляя его в образе «малокультурного фаширующего гея», стремящегося во что бы то ни стало поставить Россию на колени, прибрав к рукам её несметные природные богатства. Не спит рогатый, как отчетливо видно из выпущенной за подписью офицеров действующего резерва медийной лжи. К слову, дьяволу пора засыпать, – кончилась ночь Сварога, и настаёт новая эпоха просветления и возвращения к высшим ценностям.

О существенной разнице между отечественными и зарубежными спецслужбами

До Штирлица не дошло письмо из Центра.
Он перечитал ещё раз, но всё равно не дошло.
из анекдотов про Штирлица

Новый чукотский фильм про Джеймса Бонда:
«Однако не говори однако».
из анекдотов про Джеймса Бонда

Людям свойственно накладывать привычные культурологические и сугубо национальные стереотипы на реалии других стран и культур. Если филиппинец изучает культуру Мексики, ему при этом будет удобно и легко оперировать чисто филиппинскими понятиями. А что? Вера католическая и там и там, люди смуглые, черноволосые и часто с раскосыми глазами; и те, и другие толпами валят в США, машины и там, и там в большинстве своём американские и японские.

– Ну вот похожие две культуры… а то, что их в течение тысячелетий разделяли тысячи километров – второстепенно. Примерно также рассуждают российские пропагандисты, ставя на одну планку КГБ и ЦРУ, ГРУ и Моссад, Ми-6 и СВР. Тем более, что о ЦРУ, Моссаде и Ми-6 постсоветским обывателям скорее всего никогда не предстоит узнать. Короче, раз ЧК, НКВД и КГБ всех держало в страхе, значит, скорее всего, и ЦРУ с Моссадом тоже заставляли людей трепетать. По крайней мере, так легче и быстрее думать, чтобы зря не ломать голову… с промытыми мозгами. Подобный подход крайне удобен для нынешней официальной пропаганды. Например, Вы возмущаетесь, что кого-то КГБ или ФСБ убила? – Так, Моссад тоже убивал – разве нет? ФСБ прослушивает разговоры? – А АНБ что, разве не прослушивает? – Спросите вон у Сноудена; КГБ пытало диссидентов в психушках? – А что, Гуантанамо и секретных тюрем ЦРУ в Восточной Европе не существовало? И так далее, как говорится, и тому подобное. Всё это примерно из той же оперы, что и сравнения современных российских проблем с французскими XVII-го века и с китайскими XIX-го века. Главное, выглядит логично и вполне убедительно – никто ведь опровергнуть не сможет, – «времени» не хватит… Но это только на первый, поверхностный взгляд. Если же копнуть поглубже, то возникает, увы, нелицеприятная для жителей РФ картина, а именно отчётливо вырисовываются три фактора:

Во-первых, спецслужбы западных стран направляют свою деятельность исключительно против врагов своего государства, – как правило, иностранных. Например, в Гуантанамо не было врачей, музыкантов и бизнесменов из Оклахомы или Мичигана, – там содержались только арабские террористы, желающие принести как можно больше смертей американцам. Опять же, не старайтесь поймать меня на наивном чёрно-белом идеализме – речь тут не о теплоте душевной, не об искренней заботливости и так называемой русской духовности (которая при внимательном рассмотрении оказывается полной противоположностью совести, – вспомним, хотя бы массовые жестокие изнасилования на Германских территориях в 1945-ом или, например, мародёрство на обломках Малазийского MH-17…). Говорить стоит о голом прагматизме, как об источнике… добра, когда просто человека как объекта разработки лучше не трогать, ибо в его благополучии и долгожительстве вполне заинтересованы и страховые, и медицинские, и финансовые компании, не считая «лоеров» – юристов-адвокатов, которые набегут как тучи, чтобы откусить кусок пожирнее от силовых государственных агенств.

Тут вот ведь какая штука явно налицо: сделаешь что-то доброе несколько раз – даже пусть из чисто прагматических, шкурных, если хотите, соображений – появляется и укрепляется привычка делать добро; сделаешь что-то плохое – даже исходя из высших принципов – появляется и укрепляется привычка творить зло. Не правда ли, вышесказанное наводит на мысль о системе отечественного ГУЛага или ФСИНа, где *чалятся-парятся* исключительно русские заключённые, не имеющие никакой страховой и финансовой поддержки? Моссад не *мочил в сортирах* своих собственных граждан и не взрывал их домов, а проводил операции исключительно против арабов, убивших израильтян. Абсолютное же большинство актов деятельности российских спецслужб было напрвлено на своих, чтобы ломать судьбы, убивать, унижать, наконец, безнаказанно создавать дискомфорт именно своим, то есть русским; или тем, кто честно борется против советской и постсоветской власти.

Вторым доводом может стать констатация того, что в демократических обществах спецслужбы занимают юридически ограниченное и, я бы сказал, уязвимое пространство, невольно думая о том, как бы не прогневить налогоплательщиков, точнее их адвокатов. Приведу один пример из собственного опыта. (Скажу ясно: я никогда не работал агентом спецслужб – ни в СССР, ни в России, ни в США, ни за их пределами.) Итак, одна крупная и известная фирма по преподаванию иностранных языков – не называю таковой специально во избежание разглашения коммерческой тайны, – обратилась в одно из крупнейших разведывательных агенств, чтобы протолкнуть свой продукт. Это агенство, затратив немало денег, провело весьма скурпулёзный шестимесячный обучающий эксперимент относительно ценности и продуктивности данного учебного комплекса. Результаты оказались вопиюще плачевными: почти все изучающие иностранные языки по предложенной фирмой программе ничему не научились… Полный провал, короче, о чём это сверхмощное государственное агенство с неограниченными влиянием и деньгами заявило *несчастной* фирме. Что же сделала, как поступила эта *несчастная* фирма? Сказала: «…Извините за беспокойство?.. Спасибо за Ваше время?..»; исчезла со стыдом в глазах?..; сделала вид, что вышло недоразумение?.. – Ничего подобного! Она подала в суд на это сверхмощное государственное агенство – дескать, не так проводили эксперимент и потому ошибочно сформулировали результаты… А агенство-то ничего возразить не могло, ведь всё – секретно. В итоге, чтобы замять дело и всех успокоить, агенство… купило 1000 экземпляров обучающих программ-лицензий у *несчастной* фирмы, и та отвязалась.

Вывод: силовые структуры Запада рассматриваются западным же обывателем не как сверхмощная сила, которую нужно всячески обходить стороной, а как дойная корова, которую адвокаты совсем не прочь и подоить, зная, что источник средств для данной дойной коровы – неисчерпаем. Как это всё непохоже на советские и постсоветско-российские реалии, не правда ли?!

Третий довод неизбежно вызовет *контрвопрос*: «Мол, а ты это знаешь откуда?» Так и хочется ответить в рифму (я стихоплёт как-никак): «от верблюда». Впрочем, отвечая серьёзно на этот, ставящийся, как правило, кремлёвскими пропа*гандонами* (термин Д. Быкова) вопрос ребром, я хотел бы напомнить о потрясающей – и я бы даже сказал: *невольно взращённой властями* – способности советских людей читать между строк, склеивать в сознании отдельные посылы разобщённой информации; наконец, улавливать и соответствующим образом интерпретировать чиновничьи намёки на государственные секреты. Именно так диссиденты в своё время узнавали о тайных военных городах типа Арзамаса-17 и Челябинска-70, о засекреченных психушках, о взятии КГБшным спецназом дворца Х. Амина, о липовой отчётности КГБшных разведчиков, наконец, о смертельном насморке Ю. Андропова. Так вот, третий довод касается одного очень печального наблюдения: российские спецслужбисты специально организовывают конфликты, чтобы за разрешение таковых получать повышенные звания, а следовательно, бо́льшую долю акций Газпрома, Норникеля, крупных торговых и ресторанных сетей. Продемонстрируем сказанное одним нарочито гротескным примером. Некий Иван Кузнецов (условное имя) в чине майора СВР или ФСБ не на шутку заскучал в Ростове-на-Дону – террористы не *ловятся*, и, в общем, *не растёт кокос*. Тогда он решает изобрести ситуацию, которая должна завершиться победным рапортом о ликвидации Ш. Басаева… пятой или седьмой по счёту. Вскоре после того как он докладывает об очередном убийстве *проклятого* лидера сепаратистов, майор Кузнецов получает деньги, награды и назначение на новое более хлебное место. А там – хоть трава не расти…

Сводя многочисленные примеры из СМИ и мемуаров бывших сотрудников спецслужб к одному заключению, невольно осознаёшь жуткую правду о господстве приписок и пропагандистской лжи, часто подхватываемой завравшимися постсоветскими СМИ. Таким образом, подозреваемый в гнусном убийстве А. Луговой получает место в Думе, а пресса между тем оценивает его «социалистические накопления» цифрой в двадцать шесть миллионов долларов; провалившаяся (а может, просто проданная) Анна Чэпмен получает место одной из ведущих программ РЕН ТВ, а также весьма высокое положение и доходное место в ФСБшном банке «Социнвест» и так далее – список можно продолжать до бесконечности. Скажите на милость: Вы слышали что-нибудь подобное о западных спецслужбах? Я, например, не слышал и не читал, хотя интересовался не только активистскими веб-сайтами, но и откровениями Викиликс и Сноудена.

Единственное, что роднит спецслужбы разных стран –независимо от их функций и идеологической основы – это стремление прятаться за завесой секретности. Тут невольно вспоминаются слова Иисуса Христа: «Нет ничего тайного, что со временем не стало бы явным». Короче говоря, что принципиально нового могут добавить «5000» перехваченных или подслушанных, переведённых и детально проанализированных переговоров из Китая, РФ или Северной Кореи? Да ровным счётом ничего, ибо амбиции, бюджеты и реальные возможности данных стран известны и безо всяких перехватов, а если что-то специфическое из новой военной техники вдруг всплывает, так на это всегда можно найти фото с американских военных спутников. Впрочем, эта пресловутая секретность имеет разное материальное преломление в тоталитарных и демократических странах. В США, например, миллионы людей не имеющие никакого доступа к секретной информации могут приобретать гораздо больше благ, чем люди с допуском, посещая при этом те же магазины и покупая дома в тех же престижных районах, что и *свидетели-радетели* государственных секретов. В тоталитарных же государствах люди с секретностью имеют дополнительные привилегии: будь то дополнительные бесплатные акции прибыльных компаний или особые блага и специальные очереди на жильё и престижные товары – как в СССР и Северной Корее. (Вспомните сравнительно недавнюю песню Ю. Шевчука: «Я пил на днях у генерала ФСБ»...)

Подытоживая сказанное, можно смело сказать, что в тоталитарных государствах принадлежность к спецслужбам является чем-то необыкновенно престижным, в то время как в демократических обществах речь может идти о специфически почётной, но совсем не выдающейся работе, которая может быть запросто заменена совсем иным выбором.

О так называемом *Дне Победы*

Люди обычно считают, что лучше заблуждаться в толпе,
чем в одиночку следовать за истиной.
К. Гельвеций

Истина нисколько не страдает от того,
что кто-то её не признаёт.
Франсуа де Ларошфуко

Какие разные эмоциональные оценки несёт одно и то же понятие, будучи в разных контекстах! – Сравните например:

«...А чуду-юду я и так побед*ю*», – чай, не забыли ещё В. Высоцкого?.. или «...этот День Победы порохом пропах» ...с грозным оскалом и нешуточной одержимостью в глазах исполнителя... и, наконец, «...матч закончился победой Спартака» – бесстрастно, хотя и выразительно вещал диктор новостей...

...Навязываемое изо всех рупоров ФСБшно-кремлёвской пропаганды понятие «Победа» имеет два основных значения: прямое и переносное:

- *в прямом смысле* – успех в бою (сражении, битве), закончившийся полным поражением противника, а также успех в спортивном состязании, соревновании, закончившийся поражением соперника.
- *в переносном смысле* – успех в борьбе за что-либо, а также какое-либо достижение в результате борьбы, преодоления чего-либо.

Ну если в *первом* смысле НКВДшные загранотрады, стрелявшие своим в спину, а также обильное пушечное мясо сибирских частей, подкреплённое звериной жестокостью всяких Г. Жуковых[1], обеспечили успех в боях 1942-го-1945-го годов, то во *втором* смысле никакого успеха в борьбе за что-либо человеческое победивший народ не имел, оставаясь на задворках цивилизации и всё более деградируя. Вообще, что-что, а уж понятие «победа» никоим образом не подходит к советскому, а тем более к постсоветскому порядку. Иными словами, победа может быть над раком, над туберкулёзом, над алкоголизмом, наконец, но никак не явлением, связанным с уничтожением людей, – иначе такая победа является победой дьявола. Начиная же с 1945-го года, а точнее с 1917-го, «победившая» страна покатилась по наклонной как в демографическом, так и в нравственном плане, дойдя до современного состояния полной потери всяческих моральных да и просто логических ориентиров. Попробуем, одним словом, однозначно ответить на следующие нехитрые вопросы, чтобы невольно убедиться в сомнительности навязываемого властями праздника.

1. Можно ли считать *победой* результаты войны, в которой у победивших погибло как минимум 27 миллионов человек, а у проигравших – 13 миллионов?

    да [ ]   нет [ ]

2. Можно ли считать *победой* результаты войны, в которой проигравшие обрели несравнимо более высокий уровень свободы и материального достатка, нежели победившие?

    да [ ]   нет [ ]

3. Не является ли пропагандистским лицемерием празднование тех, кому в течение десятков лет государство отказывало и продолжает отказывать в элементарных льготах?

    да [ ]   нет [ ]

———————

1 У Г. Жукова была кличка «зверь».

4. Является ли День Победы удобным предлогом погрозить
    миру *вон-гляди-какими-ракетами* с кремлёвской трибуны?

      да ☐   нет ☐

5. Изобрели бы власти другой такой праздник, если бы не было
    «Победы»?

      да ☐   нет ☐

К слову, ни древние славяне, ни И. Сталин, ни Н. Хрущёв, ни
даже Б. Ельцин (…с бодуна) ежегодных парадов в честь Дня Победы
не устраивали, ибо прославлять войну – есть явно нечто больное и
психически неадекватное. К подобным явлениям власть обращается,
как правило, тогда, когда не за что больше уцепиться, чтобы
поддержать в народе хотя бы притворный патриотизм. А то, что
такое псевдопатриотическое кривляние не имеет ничего общего с
заботой о тех же ветеранах – ясно как белый день, когда несчастным
старикам не давали даже жилья в течение десятков лет; не говоря уже
о сгнивших заживо, спившихся инвалидах и раненых – помню их, с
гирьками на грязных досках, в обтрёпанных ватниках у пивных
ларьков.

Важным же здесь представляется иное, а именно отношение
публики к широко и патетически рекламируемой клоунаде. Оно как
лакмусовая бумажка общественного сознания. И вправду, велик
«День 9-го Мая», ведь ложь здесь заключена даже в самой дате, ибо
Германия подписала капитуляцию седьмого мая, а в силу она
вступила восьмого – не девятого.

В начале девяностых никто особо и не вспоминал этого дня, а
сегодня подозрительно пронзительные голоса по-европейски одетых
нашистов и молодогвардейцев противно выкрикивают здравицы в
честь продажно-коррумпированного пахана под названием
«Россия» и его видимого лидера с рыбьими глазами КГБшной
шпаны.

…Впрочем, со словом «Победа» связаны и приятные детские
воспоминания, родившихся во второй половине многострадального
XX-го века. «Победа» – пассажирский теплоход, снимавшийся в
фильме «Бриллиантовая рука» под названием «Михаил Светлов», а

также «Победа» – первоначальное название яхты капитана Врунгеля (персонажа произведения «Приключения капитана Врунгеля»). Одним словом, вперёд, *Победа*!

PS: как говорится, вдогонку (или, иными словами, «на закуску»). Ответьте, Христа ради, на вопрос, на который лично я никак не могу найти ответа. Почему знаменитый русский философ Иван Ильин оказался в исключительном фаворе у кремлёвской власти, несмотря на то, что он писал о нацизме и большевизме следующее (?):

- Что сделал Гитлер? Он остановил процесс большевизации в Германии и оказал этим величайшую услугу всей Европе.
- Фашизм возник как реакция на большевизм, как концентрация государственно-охранительных сил направо. Во время наступления левого хаоса и левого тоталитаризма – это было явлением здоровым…
- Мы советуем не верить пропаганде, трубящей о здешних «зверствах», или, как её называют, «зверской пропаганде». Есть такой закон человеческой природы: испугавшийся беглец всегда верит химерам своего воображения и не может не рассказывать о чуть-чуть не настигших его «ужасных ужасах».

О постсоветской оппозиции

…Ай, Моська! Знать она сильна, что лает на слона.
И. Крылов

…Впрочем, Моська может запросто оказаться и в выигрышном положении: когда гигант падёт бездыханным, а она, успев вовремя отпрыгнуть при его крушении, останется жить и здравствовать…

«Свежо предание, а верится с трудом», – позволим себе ещё раз процитировать отечественную классику, продолжая весьма пространный эпиграф. Ведь в 1991-м Моська не успела как следует отпрыгнуть из-за разногласий между её внутренними собачьими голосами. А в путинские времена Моська вообще до последнего времени отпрыгивать не собиралась – уж больно приятно было на слона лаять и при этом довольствоваться жирными косточками тех же джунглей. Но, пожалуй, самым печальным является то, что ни в коей мере не было заложено в мораль этой басни: влияние оппозиции на современное постсоветское общество пропорционально влиянию кремлёвской пропаганды примерно так же как размер Моськи размеру слона… Как Вы, конечно же, поняли речь идёт о тех оппозиционерах, кто предпочёл оставаться жить в паханате.

…Когда воинствующий и довольно успешно ассимилировавшийся иммигрант, вроде меня, начинает что-то советовать про борьбу с авторитаризмом, сразу же слышится окрик недовольных оппозиционеров, живущих в РФ: «Помолчали бы уж лучше. – Вот уехали, – почувствовали, что можете безнаказанно вякать, и теперь учите нас как жить. А попробовали бы сами выйти в Москве на центральную площадь под дубинки ОМОНовцев…».

Ну, во-первых, уехать, точнее сбежать от чекистской опеки в лоно уважаемой на Западе работы и недосягаемости отечественных спецслужб было совсем не так просто, как кому-то может показаться. Спросите, например, у Павла Калугина, у Андрея Илларионова, у Андрея Пионтковского, у Юрия Фильштинского, у Бориса Перчаткина, у Сергея Гуриева, у Павла Дурова, у Евгения Преображенского, а теперь и у Гарри Каспарова. А во-вторых, с нашей, более чем скромной точки зрения, оппозиция любому автократическому режиму может условно подразделяться на две большие группы. *Первая* – всем видная, громкая и… ничего, увы, конкретного не производящая, время от времени преследуемая, иногда садящаяся в тюрьму и даже периодически убиваемая, но при этом никак не влияющая на господство той же чекистско-бандитской системы правящего режима РФ. Смею напомнить, что после всех «Курсков», «Норд-Остов», «Бесланов», преступных агрессий против Грузии и Украины, а также после всех Болотных, проспектов Сахарова и Оккупай-Абаев 85% населения поддерживают откровенно криминальный и лживый режим… *Вторая* группа – это в нашем случае русские профессионалы недосягаемого для ФСБ/СВР уровня, которые работают неизвестно где, в неизвестно каких должностях, под неизвестно какими псевдонимами (в том числе всемирно известными), которые имеют возможность говорить обществу и руководству США, Великобритании, Канады и Германии правду и способствовать выработке, по крайней мере, политики сдерживания Кремля, явно пересиливая путинских агентов влияния и лоббистов в лакомых конгрессах, парламентах и правительствах. Стали А.

Литвиненко, Б. Березовский, Б. Немцов, А. Политковская видимыми и известными – их убили (и притом абсолютно никто не занял их места и не поднял их знамени!), а представители *второй* группы неизвестны – значит, их, скорее всего, не достанут. И именно в них, по моему глубокому убеждению, надежда на возрождение России! Кстати, вспомним прецеденты: Ульянов-Ленин, Хо-Ши-Мин, аятола Хомейни, Ахмед Челлаби принесли революции в свои страны… из иммиграции. А если мы вспомним возвратившегося (правда, неудачно) во Францию Наполеона и вторгшегося в Великобританию из Голландии Вильгельма Оранского (на этот раз успешно), то наше мнение может предстать не таким уж голословным.

Вообще же, следует сказать вот что: мы все существа социальные, и как честно отметил Борис Немцов в одном из интервью: «…Если бы я был чиновником при губернаторе Ю. Шанцеве, я тоже бы немедленно начал воровать…». Проблема вовсе не в личной «святости от рождения», а в том, чтобы создать вокруг себя такую обстановку, другими словами, переместиться в такую социальную среду, где нет необходимости воровать, брать взятки, врать и совершать другие нехорошие вещи, в том числе молиться в церквях московского патриархата, то есть воплощённому в сооответствующем отделе ФСБ дьяволу. Подумайте, могут ли оппозиционеры, живущие в РФ, ежедневно жить по совести? – Сильно сомневаюсь…

Любому мало-мальски думающему советскому гражданину 80-х как дважды два было ясно, что коммунистическая власть может переродиться либо в криминальную, либо в чекистскую, что, впрочем, почти одно и тоже; к тому же при Ю. Андропове был создан прецедент властно-денежного слияния силовиков и общака. Ведь просто неоткуда было взяться во власти нормальным порядочным людям, мыслящим в соответствии с доисторически принятыми общечеловеческими ценностями. Таким образом, «несогласные», рождённые в пятидесятые, шестидесятые и семидесятые годы прошлого столетия, не стали постсоветскими антипутинскими оппозиционерами, ибо при первой предоставившейся возможности мы эмигрировали, будучи уверенными, что, как говорится, на постсоветском пространстве ловить нечего.

Между тем во второй половине девяностых-начале нулевых появилась так называемая оппозиция, которая поначалу привлекала внимание непохожестью своих размышлений на официоз, а потом как бы приелась и со временем просто разонравилась. Тут напрашивается простой альтернативный вопрос: если Вы не любите путинскую власть, почему Вы платите ей налоги и таким образом финансово её поддерживаете вот уже как пятнадцать лет (?!); а если Вы согласны столь исправно эту власть поддерживать, зачем тогда вы её ругаете? Или у Вас, у всех, семейные обстоятельства, как например, престарелые или парализованные родители, больные дети, что объективно не даёт Вам возможности покинуть паханат, называемый Россией? На этот альтернативный вопрос вполне резонно вырисовывается альтернативный ответ: либо оппозиционеры работают на ФСБ, претворяясь несогласными, либо эти люди освоили в жизни только одно ремесло: критиковать, – будучи неспособными что-либо конкретное и полезное произвести в других странах. Речь, скорее всего, идёт о втором, хотя и первое совсем не исключено. В этой связи я невольно вспоминаю людей, не менее образованных и языкастых, чем, скажем, Юлия Латынина, Антон Орех, Евгения Альбац и Дмитрий Быков, которые начинали с того, что мыли стаканы в американских ресторанах или соглашались работать в каких-нибудь «Arby's» и «Burger King» за пять-семь долларов в час. Например, одна очень талантливая и ныне довольно высокопоставленная профессионалка как-то сказала мне, что её работодатель – когда она только приехала в США лет десять назад – отказался платить ей на 15 центов в час больше… Многие, так называемые «политологи» Российской Федерации уверены, что пустая болтовня на политические темы, хоть и сдобренная эрудицией Ю. Латыниной или литературным талантом Д. Быкова, может являться не просто досужим кухонным разговором интеллигентов, вернувшихся к ужину после тяжелого трудового дня, но и приносящим неплохой доход занятием, обеспечивающим достаточно комфортное существование. (Подмечу, что «политология» – это абсолютно глупое и безосновательное понятие, ибо никто из сильных мира сего политологам никаких политических секретов, отродясь, не раскрывает.) В связи с этим позвольте дотронуться до некоторых, невольно возникающих весьма деликатных вопросов.

Первый. Почему не уезжает В. Шендерович, бесспорно талантливый человек, которому власть трижды щёлкнула по носу, – особенно закрытием программы «Куклы»? Ведь он не только признаёт убожество и бесперспективность кремлёвской власти, но и имеет неплохую аудиторию за рубежом. *Второй.* Чего все эти годы ожидал только что (слава богу!) эмигрировавший Гарри Каспаров, имеющий пентхаус в Нью-Йорке? Он что, действительно думал, что его материалы на *Каспаров.ру* и прочие выступления к чему-то приведут? Как могла продолжать выступать Ксения Собчак, хотя бы догадываясь о том, что на самом деле произошло с её отцом? (к слову, в момент вёрстки данной книги она, как оказалось, тоже выехала из РФ... по настоятельной рекомендации спецслужб.) Уж за те деньги, что у неё... нашли при обыске вполне можно догадаться. *Третий* вопрос к А. Невзорову, который очень умные вещи говорит (гораздо аргументированнее, чем, например, представители так называемой РПЦ), хотя его периодически и заносит. Но, Алексанр, как же Вы могли стать советником бывшей комсомольской леди с весьма сомнительной репутацией? Ведь это же позор! Или у Вас чувство реальности не атрофировано только применительно к церковным вопросам?..

Касательно последних примечаний позволю себе довольно пространное *лирически-сермяжное* отступление. В данном контексте наиболее существенным представляется наглядно ощущаемое и пропагандистски подаваемое согласие власти на публичные выступления несогласных с нею знаменитостей, что, в свою очередь, является неоспоримым козырем в руках кремлёвской пропаганды. Дескать, вспомните, например, как Александр Глебович *прилюдно-прителевизионно* крыл священных коров современного псевдорусского квасного патриотизма: РПЦ и празднование 70-й годовщины Дня Победы. В первом случае мы держались за животы, когда А. Невзоров живописал подробности весьма некрофильской любви Св. Петра и Св. Февроньи, противопоставляемой отечественными мракобесами Дню Св. Валентина. Во втором же случае трудно было не умирать со смеху, когда А. Невзоров в интервью О. Бычковой объяснял причину жалости к кремлёвским поварам: мол, они должны будут готовить для почётных гостей празднования; – а поскольку приедут в основном вожди необитаемых островов (лидеры нормальных стран почти все отказались присутствовать на этом путинско-пропагандистском спектакле), беднягам в белых фартуках предстоит освоить приготовление блюд из жареных тараканов и сушёных голов побежденных супостатов на закуску... ...И вот человек с такими взглядами имеет возможность свободно и вполне *телевизионно* выражаться. *Значит, со свободой слова у нас, то есть в современной РФ, всё более, чем нормально. И что это там советологи клевещут?..*

Продолжая *лирически-сермяжно* отступать, отметим, что выбор относительно пребывания-непребывания в РФ неминуемо связан с двумя факторами: *во-первых*, речь должна идти о выборе одной из двух моделей жизненного развития: либо «*любимое ремесло + РФ*», либо «*любимое ремесло + заграница*». Данный план, как правило, формируется в ранней юности и предопределяет следование той или иной альтернативе. Например, если Вы без ума от зоологии, Вы посвящаете себя – условно, конечно же, – либо изучению амурских тигров и казахских сайгаков, либо алигаторов Флориды и аляскинских гризли; если у Вас математический склад ума, Вы можете стремиться либо в медведевское Сколково (чтобы, как говорил М. Задорнов, вставлять двери на фотоэлементах в патриотически покосившиеся деревянные сортиры с дыркой…), либо в Силиконовую долину, где, к слову, очень благополучно чувствуют себя русские программисты…

…*Во-вторых,* любой человек в силах определить социально-политический фон своей жизни, иными словами, осознать, в *жизнеутверждающе-справедливой* или *губительно-беззаконной* обстановке он находится, ибо у каждого, отродясь, неизменно присутствует голос совести – уж не сочтите за пафос. Совесть не позволит бесконечно жить на дьвольской территории; может, потому что несправедливость и ложь всегда были атрибутами *дьявола*, который уничтожал, уничтожает и будет уничтожать *богом* – или *богами* – созданные разумные существа, в том числе и человека. При этом «дьявольскими территориями» следует называть те, где дьявол господствует; – присутствует-то он везде, но вот господствует, а стало быть устанавливает негласные законы и правит отнюдь не всюду. В этой связи нечистый явно удостоился господства над Россией, где до этого в течение десяти веков… официальное христианство ему готовило почву. Прежде чем испытать шок от моих утверждений, вспомните два примера, довольно часто повторяющиеся в религиозной литературе: (1) «Я в церковь, к священнику, войду» – молвит рогатый в «тёрке» с одним из уважаемых святых. К слову, «бес» это был или «демон» – не помню, кем был этот чертяка по паспорту… выданному в облачно-паспортном столе местного отделения небесной ментовки. …Как же ты войдёшь? – невольно хочется спросить – ведь по идее, бес должен сгореть прямо при входе в церковь – вешайте, короче, огнетушитель у паперти, чтобы пожара не было. Ан нет, оказывается, нечистые, против которых проведовал Иисус, запросто вхожи в так называемые христианские церкви… Существенно, что во многих западных странах возник протетст против официального христианства, а именно появился протестантизм и учения ориентированные только на личность Иисуса Христа, поэтому дьяволизм в них не победил окончательно (как социализм при И. Сталине…). В России же народ вовсю аплодировал распоясавшимся бандитам и кровожадным убийцам, назвав отцом народов главного из них. Такое возможно только в условиях скурпулёзно – и, я бы сказал, «генетически» – подготовленных дьяволом душ, – причём дьяволом, пропагандирующим под прикрытием христианской церкви в течение многих веков.

Другой пример опирается на исключительно частое упоминание того, что главной победой дьявола является идея о его полном отсутствии в мире. Вот это утверждение как раз и призвано предположить, почему, например, А. Невзоров предпочёл не эмигрировать. Ведь не только Бога – дьявола-то тоже, оказывается, нет… поэтому бессмысленно эмигрировать из страны, где господствует дьявол в страны, где он, конечно же есть, но не господствует. Всё на свете стоит объяснять исключительно материалистическими причинами, – короче, да здравствует Дарвин… с Геккелем заодно! Протестуя против подобного вывода, я даже готов встать на сторону критикующих А. Невзорова сальнорылых попоспикеров так называемого московского патриархата. – К слову, не правда ли в рифму: «паханат» и «патриархат». – Например, *Путин рад, Гундяев рад: паханат-патриархат…*

Заканчивая соответствующий опус, сошлюсь на Алексея. Навального, ищущего правды так называемого «миноритария различных АО». Дорогой Алексей, порядочный человек не будет принимать участие в бандитской, абсолютно беззаконной прихватизации, становясь даже миноритарием. Нормальному человеку просто не придёт в голову покупка Кировлеса (…из-за очевидного отсутствия денег, в первую очередь). В этой связи власть полностью переигрывает оппозицию – она заставляет Вас самих быть преступниками. Извините, повторюсь – ибо это красная нить многих моих статей: все россияне, дающие хоть рубль ГИБДДшнику, учителю, врачу или чиновнику уже автоматически становятся преступниками. Так, какое вы тогда имеете право упрекать власть в преступлениях, хотя эти преступления действительно очевидны? Хочу подчеркнуть, что отнюдь не пытаюсь представиться всё отрицающим святошей. Появился «Плавленый сырок» с И. Иртеньевым – прекрасно; написала Ю. Латынина письмо-ответ недалёкой Бриджит Бардо – отлично; сочинил Д. Быков несколько замечательных стихотворений в «Гражданине Поэте» и «Господине Хорошем» – великолепно. Но когда год за годом в течение вот уже пятнадцати лет повторяется одно и то же, причём явно уже набившее оскомину, невольно возникает отторжение и нежелание слушать и читать то, что всё равно никак не влияет на постсоветскую систему.

Ещё раз напомню: у рабов всегда был один способ избавиться от рабства – сбежать от рабовладельца. Если же раб предпочитает остаться рабом – тем более у весьма бесшабашного, медлительного и достаточно невнимательного рабовладельца, – то тут, естественно, напрашивается один из двух выводов: или раб – стукач у хозяина, или он не хочет работать и жить по закону в месте, на которое не распространяется власть рабовладельца.

О русской истории, философии и… вечных бабушках

Единственный наш долг перед историей – это постоянно её переписывать.
О. Уайльд

…История – это философия в примерах.
Дионисий Галикарнасский

Не вдаваясь в интерпретацию российской истории – а она, бедняга, меняется довольно часто, будучи периодически подверженной существенному вливанию заказного вранья, – и придерживаясь в целом толкований староверов-инглингов (что всецело подтверждено целой серией недавних археологических находок и ставших достоянием гласности документов), я хотел бы остановиться на следующей прочно утвердившейся традиции: везде, кто бы и когда бы не писал, подчёркивается уникальная предназначенность и специфика русскости, а следовательно, и особый характер российской истории. В мудрых головах, хотя и явно чем-то основательно промытых, родилась русская национальная идея. Вот нет, например, «норвежской» или, скажем, «аргентинской» национальной идеи, а «русская» есть. Причём даже в Америке имеется лишь «американская мечта», но не идея. Но вот в России – именно идея, короче, так и хочется повторить известную присказку: «и-де-я нахожусь?»… Весьма примечательно при этом то, что всё, относящееся к заслугам працивилизаций, приписывается ислючительно русским, в то время как все невзгоды – исключительно мировой закулисе, спящей и видящей, как бы героических русских поставить на колени (?). При этом мировой *закулисе-паскуде* почему-то никогда не снились сны о подавлении куда более успешно развивающегося Китая 90-х годов прошлого века или, скажем, Аргентины начала XX-го века; никогда не мерещился захват Японии или Германии, когда те были полностью разгромлены, а наоборот, как в кошмарном сне, явился план Маршалла по скорейшему восстановлению стран бывшего военного противника… Итак, «…белая раса, с которой началась земная жизнь, со временем стала перемещаться, и часть людей отправилась заселять Европу из-за похолодания на Урале и в Сибири», – пишут на славянских порталах апологеты ласкающих русский слух теорий.[1] Значит, естественно, напрашивается вывод: выходит, что у тех, кто пошёл в Европу, а также и у тех, кто перенял у русских риши веды, такая же уникальность, предназначенность и идейность, как и у тех, кто остался на евразийском пространстве бывшей российской империи. А вот и нет, – отвечают неоволхвы. Они там на западе – все *буржуи-редиски-агрессоры* – им бы только Россию свалить! А в Индии, хоть и неплохие ребята, но такая беднота, темнота и язычество, что им, индусам, явно не до судьбоносной миссии на Земле. То ли дело мы, русские. Логика, таким образом, железная, и плакать бесполезно!.. Вообще, даже если вчитаться в труды признанных русских философов, то создастся весьма *альтернативное впечатление* (уж не обессудьте за этот словесный выкрутас): либо пишут люди с серьёзным душевным расстройством, либо двоечники, не

---

1 Это не дословное цитирование конкретных лиц (например, А. Хиневича, В. Чудинова, А. Трехлебова, С. Жарниковой, Г. Климова и т. д.), а пересказ соответствующих утверждений.

потрудившиеся прочитать общих научно-популярных статей по исследованию психики. Например, известный русский философ-экзистенциалист Н. Бердяев говорит: «Русский народ есть в высшей степени поляризованный народ, он есть совмещение противоположностей». Далее речь идёт о том, что «в русском народе сочетаются жестокость и человечность, индивидуализм и безликий коллективизм, искание Бога и воинственное безбожие, смирение и наглость, рабство и бунт. В истории проявились такие черты национального характера, как покорность власти, мученичество, жертвенность и склонность к разгулу и анархии». Подметим, что о единстве и борьбе противоположностей писали многие, в том числе троица основателей коммунизма, чьи портреты с гордостью несли на Седьмое ноября устремлённые в светлое будущее пионеры. Так и хочется задать Н. Бердяеву два простых вопроса: *Первый*. А разве какая-либо другая нация не характеризуется тем же? Что, разве не бунтовали немцы и французы, или, может быть, этим нациям несвойственны жертвенность и жестокость (взять хотя бы восстания немецких крестьян, Жанну д'Арк и гестаповцев)?! *Второй*. Что в этом противопоставлении нового и особенного, если даже в самых что ни на есть общих научно-популярных статьях по психологии говорится о том, что любой землянин способен проявлять чувства в диапазоне от крайнего «плюса» до крайнего «минуса». В чём же здесь новизна? Вопрос соответственно только, и прежде всего, в личностных и общественно-государственных деталях, вызывающих те или иные проявления. Но тут, великие российские мыслители предпочитают молчать. Впрочем, как и всегда, во всех бедах виноват проклятый Запад. Вот что в связи с этим пишет известный, но крайне поверхностный философ И. Ильин, любимец В. Путина (или иных высокопоставленных ФСБшников, поспособствовавших его торжественному перезахронению в Россию): «Установим сразу же, что подготовляемое международною закулисою расчленение России не имеет «за собою» ни малейших оснований, никаких духовных или реально-политических соображений, кроме революционной демагогии, нелепого страха перед единой Россией и застарелой вражды к русской монархии и к Восточному Православию. Мы знаем, что западные народы не разумеют и не терпят русского своеобразия. Они испытывают единое русское государство, как плотину для их торгового, языкового и завоевательного распространения. Они собираются разделить всеединый российский «веник» на прутики, переломать эти прутики поодиночке и разжечь ими меркнущий огонь своей цивилизации. Им надо расчленить Россию, чтобы провести её через западное уравнение … и тем погубить её: план ненависти и властолюбия…» (Да, да! Это тот самый И. Ильин, который поддерживал Гитлера в борьбе с большевиками, см. выше, стр. 55.). Уважаемый И. Ильин (…а также гораздо менее уважаемые А. Дугин, Д. Рогозин, Н. Стариков, М. Суслов и иже с ними), на каком основании Вы приходите к умозаключению относительно отношения западных народов к России? Вы, что, всё население Европы, США, Канады и Австралии, к примеру, опрашивали, а потом внимательно и скурпулёзно анализировали результаты опроса? Или, может, вам регулярно рапортовали все западные короли и президенты? Откуда Вы взяли «нелепый страх перед Россией»? Не пропагандируете ли Вы безосновательные псевдорусско-центристкие и в конечном итоге шовинистические постулаты? В этой связи позвольте сделать пять существенных комментариев, основанных на исторически подтверждённых фактах.

Первый комментарий. Никогда в истории и ни при каких условиях западные страны не пытались воспользоваться смутными временами, экономическим застоем и слабостью России, чтобы её завоевать или разделить, – возможно, к большому сожалению для граждан этой многострадальной страны. Касательно сказанного всё больше открывается правды о так называемых нападениях на Россию. Оказывается, Александр Невский был самолюбивым интриганом, воевавший с рыцарями Тевтонского ордена исключительно в шкурных целях борьбы за власть; Пётр Первый сам открыто напал на шведов; Крымского хана, а также среднеазиатских эмиров и басмачей выгнали русские с их исконных земель; даже Гитлер, как замечу, показано в документальном фильме на ТВ Россия (?!.), напал на СССР, чтобы предотвратить уже спланированное И. Сталиным массированное вторжение в Европу. Остаётся *полубольшевик-революционер* Наполеон, который примерно так же олицетворял французскую культуру и общественную традицию, как я Ватикан… Он как истый революционер нападал без разбора на всех, уничтожая испанскую империю, Габсбургов и другие монархии, пока не получил по шапке от тех же *западных* англичан, голландцев и бельгийцев при Ватерлоо. Россия, к слову, во всех мировых столкновениях была союзницей западных держав, будь-то антинаполеоновская коалиция, Антанта или антигитлеровский блок. В данном контексте можно действительно вести речь о взаимной исторической неприязни англичан и французов, немцев и поляков, фландрийцев и валлонов, венгров и румын, японцев и корейцев, наконец, евреев и арабов, но никак о нелюбви к русским и страхе перед ними. Почитайте, как например, за несколько десятилетий до упомянутых строк И. Ильина восторженно встечали царя Александра III в Париже. Или вспомните про поток американских инженеров в советскую Россию 30-х годов XX-го века, спасительный ленд-лиз Второй мировой войны или про выплату американцами пенсий и денежных траншей для зарплат бюджетникам в ельцинское время. В целом крайне благожелательное отношение к русским и России на Западе ухудшается только в те периоды, когда Россия ведёт себя предельно нагло на международной арене, нарушая элементарные нормы межгосударственного права. И то, никакой речи о ненависти и страхе вестись тут не может. Это, скорее, попахивает атрибутикой черносотенной, советской и постсоветской пропаганды.

Второй вопрос может возникнуть относительно следующей ремарки И. Ильина: «...вражды [запада] к русской монархии и к Восточному Православию».

Никакой вражды Запада к русской монархии и к Восточному так называемому православию никогда не было. Неприязнь по разным причинам возникала, а вражды не было. Тут, кстати, нужно подчеркнуть, что если в России XX-го века и на современном постсоветском пространстве неприязнь немедленно переходит в желание убить или, в лучшем случае, капитально нагадить, то в западной плюралистической культуре неприязнь совсем не предполагает последующей расправы. Более того, по мнению многих весьма продвинутых учёных – не говорю, что всех, но многих – Романовых поставил именно Запад; Петра Первого завербовали в Голландии; а истино русский Иоанн Грозный Рюрикович сам *агрессивничал* и, как невоспитанный гопник, хамил английскому и шведскому дворам, что широко известно и популяризировано в XX-ом веке ещё при «добром парне Джугашвили... (помните фильмы с Н. Черкасовым в роли Грозного)». Все школьники знают про религиозные войны на Западе: как в течение десятилетий XVI-XVII-го веков *мочили* католики гугенотов, катаров, альбигойцев и тамплиеров заодно; знают они и про то, как мусульмане зверствовали в православных землях Сербии и Болгарии, а вот про религиозные войны погрязшего в грехах Запада против матушки-России как-то ничего никогда не говорилось-не писалось. В итоге от тлетворного влияния западного католицизма осталась лишь крошечная Карпатская да крошечная Греческая унии. И это всё?! А где же вековая вражда и ненависть? Получается, что западные христиане пострадали от своих же единоверцев неизмеримо больше, чем московское православие. «Вот ведь какой факт получается», – как говорил некогда легендарный М. Жаров в одноимённой пьесе Б. Васильева.

Третий довод относится к явной логической нестыковке. Мнение И. Ильина: «Они [запад, т. е. мировая закулиса] испытывают единое русское государство, как плотину для их торгового, языкового и завоевательного распространения».

Этот фрагмент, судя по всему, был позаимствован у одного тяжёлого пациента сумасшедшего дома. Еле сдерживая смех –хотя и сквозь слёзы, – я всё же осмелюсь спросить И. Ильина, о каком именно *языке* он ведёт речь? Ведь проклятые супостаты Запада, как назло, говорят на совершенно разных языках… И что подразумевается под «плотиной»? Тут явно что-то необыкновенно новенькое…

Четвертое возражение касается не вполне уместной образности философа. Мнение И. Ильина: «Они собираются разделить всеединый российский «веник» на прутики, переломать эти прутики поодиночке и разжечь ими меркнущий огонь своей цивилизации».

Российско-чекистский «веник» – а отнюдь не западный – благополучно выметал всё думающее, независимое и совестливое с территории бывшей Российской империи, разбивая ковровыми бомбардировками, системами залпового огня, и наконец, гранатами, тупо бросаемыми в бомбоубежища, прутики женщин и детей в Чечне, Грузии и Украине. А до этого инициированный большевиками голодомор, высылка целых народов в скотоперевозочных вагонах в ими же разорённые Среднюю Азию и Сибирь, однозначно свидетельствуют об исконно-российской основе преступлений, но не Запада.

Пятый вопрос-фантазия ассоциируется с паранойей, довольно часто проявляющейся у современных патриотов.
Мнение И. Ильина: «Им надо расчленить Россию, чтобы провести *её* через западное уравнение… и тем погубить *её*: план ненависти и властолюбия…»

Ну прежде всего: кому, конкретно «им»? Если даже представить что существует какое-то мировое правительство – скажем, организованное трижды маниакально озлобленным на Россию товарищем *Дьяволом Дьяволовичем Дьяволовым*, то почему следует считать его монолитным и по-сталински, или по-нашистски, шагающем только левой и только в одном направлении? Кстати, что такое западное уравнение?! Что, разве в Швеции, во Франции, в Португалии и в США одинаковая политэкономическая система? Кем и когда разрабатывался план ненависти и властолюбия? Представьте, например, собравшихся в X-ом веке злодеев, которые, разложив карты мира и согнувшись над ними, *аки* Жуков или Гудериан, вдруг решили: «…в течение 1000 лет мы должны расчленить ненавистную Россию с её православием». И в конце собрания кто-то из главных злодеев мировой закулисы выразился словами будущего поэта Н. Некрасова: «Жаль только жить в эту пору прекрасную уж не придётся ни мне, ни тебе…» Потом, щёлкнув копытами и хвостами, западные злодеи разошлись. Опять же, смешно, если б не было так грустно…

А вот – как логическое продолжение сентенций И. Ильина о западных супостатах и трепете перед единственной светлой и доброй Россией – теория «Евразийства», разработанная Львом Гумилёвым, столь любимая, сколь и почти проваленная В. Путиным и его *путиноидными* теоретиками-силовиками. Л. Гумилёв провозгласил философско-политическое движение, выступающее за отказ от европейской интеграции России в пользу интеграции с центральноазиатскими странами. – Выходит, что мы, таким образом, должны прививать себе шиитские традиции Ирана, нетерпимость к иным верованиям суннитского Пакистана и кастовость Индии, срочно перейти на таджикский плов и узбекские халаты; при этом нам будет дозволено воздвигать золотые памятники вождю, как в

Туркменистане, и строить юрты по киргизскому образцу… Евразийское движение, появившееся в среде русской эмиграции в 1920 – 1930-е гг., приобрело популярность к началу XXI века. Л. Гумилёв в ряде книг – «Этногенез и биосфера Земли», «Тысячелетие вокруг Каспия» и «От Руси к России» – используя евразийскую концепцию и дополняя её собственными разработками, формирует своё видение этногенеза, приводящего его к следующим выводам: «…во-первых, любой этнос представляет собой общность людей, объединённую некоторым стереотипом поведения; во-вторых, этнос и его стереотип поведения формируются в конкретных географо-климатических условиях и остаются устойчивыми длительный период времени, сравнимый со временем существования этноса; в-третьих, суперэтнические целостности формируются на основе обобщённого стереотипа поведения, разделяемого представителями различных этносов единого суперэтноса; в-четвёртых, стереотип поведения суперэтнической целостности представляет собой некоторый способ бытия, отвечающий определённым условиям существования». Уважаемый Лев Николаевич, позвольте спросить насчёт глобальных похолоданий и потеплений, – например, нынешнее. Это что, от погоды меняются стереотипы поведения наций? Значит, стояла при И. Сталине лютая зима, когда *всех* сажали в ГУЛаг и расстреливали, а потом подуло апрельским ветерком и наступила хрущёвская оттепель… Скажите тогда, а с каким климатом связана агрессия В. Путина против Украины? Ведь, вроде не зима и не весна сейчас? И география как бы та же, что при брежневской стагнации, с одной стороны, и во время русско-японской войны начала XX-го века, с другой… Все подобные философские сентенции рассыпаются как карточный домик при первой же попытке копнуть поглубже. Зато эти сентенции могут вполне подходить *пропаганде*, которой вдруг вменяется определённая задача. Например, задача обьяснить все военные действия России исключительно происками западных агрессоров. Вот где они нужны, – эти полузабытые высказывания о «Евразийстве», «Мировой закулисе» и прочих врагах-недоброжелателях! В итоге вырисовываются две модели взаимодействия обсуждаемых философами явлений:

Обращаясь к данным схемам, отмечу то особое значение, которое имеет для меня следующая выдержка из обзора теории «Всеединства» Вл. Соловьёва. Рассматривая вопросы «общества и человека», он говорит, что личность и общество в целом суть одно и то же – отличие лишь в масштабе. В духовности им видится «…стержень существования стабильного общества. Юридические законы этого обеспечить не в состоянии, они способны ограничить лишь самые явные проявления зла, в то время как для существования общества необходимо постоянное проявление со стороны всех его членов добра». Добавим ещё упоминание о том, что Вл. Соловьев критиковал существующую до него философию за отвлечённость и не принимал таких крайних её проявлений, как эмпиризм и рационализм. Он выдвинул идею «положительного всеединства», во главе которого стоит Бог. «Благо» он видел, как проявление воли; «истину» как проявление разума; «красоту» как проявление чувства. Весь материальный мир философ видел подконтрольным Ему; человек же в его философии выступал связующим звеном между Богом и природой, им созданной, но несовершенной. До совершенства, вплоть до одухотворения, должен довести её человек, в этом смысл его жизни – движение к Абсолюту. Поскольку человек занимает промежуточное положение между Богом и природой, его нравственная активность проявляется в любви к другому человеку, к природе и к Богу. К сожалению, под *Абсолютом* русские всё чаще понимают шведскую водку, а не дух добра, который в качестве своего постоянного и неизменного атрибута предполагает видение, понимание и провозглашение правды.

В этой связи примечательна пропагандируемая в течение последних пятидесяти-шестидесяти лет идея о так называемых русских бабушках. Некогда многоопытная уважаемая советчица патриархального семейства вдруг превратилась в примитивную, безвкусно одетую, часто ведьмообразную сплетницу, просиживающую часами у подъезда и в лучшем случае присматривающую за малышами или гонящую самогон в деревне; в худшем случае торгующую наркотиками или цветами с могил у метро. Уж не буду поминать Авдотью Никитичну с Вероникой Маврикиевной и «Новые русские бабки». Но вот, что интересно: время идёт, а старушки в целом остаются такими же, как и десятки лет назад. Может, и вправду речь должна идти о каком-то национальном феномене? Ведь не говорят же о бабушках в Японии, Венгрии и Швейцарии, хотя там пожилые женщины живут намного дольше, чем в РФ, – как, кстати, и о тёщах. Здесь, на мой взгляд, прослеживается пропагангистская замена подлинно национально-культурных явлений надуманными, заставляющая вольного или невольного зрителя ощущать в себе превосходство и человеческое достоинство. Мол, мне и вокруг всё плохо, но зато я лучше, чем эти потешные старушки, над которыми я могу снисходительно насмехаться. Знаменательно и то, что любой изучающий русскую культурологию иностранец знает, кто такая «русская бабушка» (не «советская», заметьте, и не «постсоветская», а именно «русская»), хотя тот же человек, как правило, не имеет ни малейшего представления об основных традициях и обрядах древнерусской культуры. В ссылке на русских бабушек кроется и ещё один, впрочем, упоминаемый ранее пропагандистский крючок: мы не похожи ни на кого в мире, а значит, уникальны. *Мол, у них, у супостатов, пожилые женщины, а у нас – бабушки; ...у них, у сволочей, День Победы – 8-го мая, а у нас – 9-го...*

О пассионарности, оккультизме, западничестве, славянофильстве и прочих весьма туманных теориях

Новая истина больше всего страдает от старой ошибки.
Й. Гёте

Великие истины понятны и доступны каждому.
Д. Писарев

Эти четыре весьма разношёрстные теории, как, впрочем, и многие другие, имеют один общий производный признак со знаком «минус»: под них нельзя подстроиться, невозможно руководствоваться ими для своего развития, а следовательно, все они представляют собой те призрачные и в итоге ложные пути, по которым заблудившееся человечество движется к пропасти (или к непроходимому болоту посреди чащи, которое должно непременно засосать потерявших дорогу). Кстати, что такое пропаганда? – Это как раз навязывание ложного пути, следование по которому в конечном счёте приводит к полному коллапсу, то есть краху. Кому это нужно, мы много раз намекали – не будем повторяться, одним словом. Итак, по порядку.

Пассионарность. Я искренне уважаю Льва Гумилёва, – светлая ему память! – Мы, студенты ЛГУ, когда-то обожали слушать его речи на географическом факультете, не задумываясь, правда, над тем, что он всю жизнь исправно и покорно служил убийцам своего отца… Лев Гумилёв рассчитал и вывел в формулах и графиках исторические всплески страстности, точнее созидательной или разрушительной активности племён и наций, видоизменяющих карту расселения и регионального властвования отдельных народов и сформированных ими государств. «Пассионарность – это характерологическая доминанта, необоримое внутреннее стремление (осознанное или, чаще, неосознанное) к деятельности, направленной на осуществление какой-либо цели (часто иллюзорной). Заметим, что цель эта представляется пассионарной особи иногда ценнее даже собственной жизни, а тем более жизни и счастья современников и соплеменников. Пассионарность происходит от латинского слова passio – страсть. Пассионарность отдельного человека может сопрягаться с любыми способностями: высокими, средними, малыми; она не зависит от внешних воздействий, являясь чертой психической конституции данного человека; она не имеет отношения к этике, одинаково легко порождая подвиги и преступления, благо и зло, творчество и разрушения, исключая только равнодушие; она не делает человека "героем", ведущим "толпу", ибо большинство пассионариев находятся в составе "толпы", определяя её потентность в ту или иную эпоху развития этноса...». Будучи автором этих строк, скажите, уважаемый Лев Николаевич, как и чем Ваша теория может надоумить, помочь и просветить живущих и страждущих на Земле? Другие фундаментальные теории, например, фундаментальные основы религий, могут, а эта, Ваша, теория – нет. Если, к слову, страждущим становится невмоготу, они вдруг подумают о божественных основах организции земной жизни, выстроенных и распропагандированных христианством, исламом, буддизмом и другими вероучениями – и им, глядишь, уже легче, и настроение лучше, и в итоге вдруг ангелом с небес является правильная идея о том, как умерить страдание. Постойте, – скажут иные, – но фундаментальные теории не призваны оказывать непосредственное влияние на повседневные заботы людей. А как же тогда теория *третьего рейха*, построенная на базисе славяно-арийских вед или, скажем, шариат с последующим прикладным, так сказать, забиванием женщин камнями, обезглавливанием и отрезанием кистей рук? Разве эти примеры не являются наглядным показателем влияния теоретических основ на повседневную жизнь?! А если добавить к этому, такие теории, как *непротивления злу насилием* Л. Толстого или, скажем, фундаментализм хлыстов, скопцов и дырников, то уж более очевидного результата в смысле сугубо прикладных последствий основополагающей теории и не придумаешь. Тут невольно нпрашивается следующий параллелизм. Если эксперт каких-либо точных наук, например, астрофизик, говорит о том, что за миллиардами световых лет есть квазар, сверкающий в миллион раз ярче солнца, то мы, правда, со скрипом и с полной психической неготовностью представить себе результат всё же склонны ему поверить, потому что этот астрофизик предъявляет неоспоримые формулы квантового излучения, подтверждающие *миллионно-миллиардные* постулаты. Поэтому бог с ним, с фундаментализмом точных наук. – Дескать, как-нибудь да *проканает*. Но если перед нами *фундаментальная гуманитарщина* или, иными словами, *гуманитарная фундаментальщина*, то верить, право же, не очень хочется в досужие и часто явно натянутые и неподтверждённые неоспоримыми фактами сентенции о прошлом и будущем. Итак, представим себе, что Лев Гумилёв абсолютно прав во всех своих выводах и исчислениях, хотя подобное представляется весьма спорным, учитывая максимум десятипроцентную – от стопроцентной, изначально запланированной создателем, – развитость его мозга. Представим, что, действительно, десять веков назад жили и, десять веков спустя, будут жить истинные пассионарии, которые способны были и будут всё на свете изменить и перекроить. Только как под это всё подстроиться нам, живущим сегодня, а также… его талантливому отцу, невинно убиенному бандитами-большевиками в самый разгар пассионарного подъёма общества?.. Что необходимо или полезно взять на вооружение упомянутым мной условным нацистам, садомазохистам-толстовцам и прочим страждущим?.. Осмелюсь всё же добавить, что, когда я читаю или слушаю про пассионарность – уж простите за нарочитую тривиальность данной сентенции – на ум приходит один простой комментарий с форума радио *Свобода*: «А ты что, Яхве, что всё обо всём в истории знаешь?..».

…Нет ничего загадочнее, возвышеннее, логичнее, мудрее, чем *оккультизм*, – поведаю я Вам вполне от души. Под оккультизмом я в первую очередь подразумеваю труды умницы Елены Блаватской «Разоблачённую Изиду» и «Тайную доктрину». Царствие ей, как говорится, небесное, и я в очередной раз недоумеваю, почему у Кремлёвской стены захоронены узколобые ничтожества, в то время как гордость русской нации похоронена где-то далеко от России… Впрочем, недоумение быстро проходит, едва вглядываешься в лица и вслушиваешься в речи руководящих гопников и недоучек СССР и РФ. Я также недоумеваю, каким образом высший вселенский разум может быть познан человеком, пусть даже сверхталантливым и суперобразованным, но тем не менее всего лишь человеком, чей мозг развит как минимум в десять раз меньше потенциала. Ведь никогда двухлетний малыш не поймёт того, что понимает взрослый лауреат Нобелевской премии по физике. Ну ладно бы речь шла о волшебниках-гуру, индусах и ламах, которые в состоянии левитировать, расстворяться в других обьектах и путешествовать по иным мирам. Но ведь мы говорим об обычном человеке, отнюдь не самого высокого уровня духовного развития, хотя и исключительно образованном и от природы умном. Ну а если без лирики и политически окрашенных эмоций, пожалуйста, ответьте мне про взаимосвязь и влияние на человека следующих явлений: «Символы творящих сил», «Каббалистический ключ», «Достоинство Саиса», «Семиричность», «Три вида Пралайи», «Душа мира и Всемирная иллюзия». Смею вас заверить, что даже среди профессоров университетов лиги плюща навряд ли найдутся хотя бы два специалиста вышеозначенных философских категорий, – в то время, когда сотни (если не тысячи) академических последователей и аналитиков мировых и региональных религий дадут Вам исчерпывающую информацию о природе и структуре популярных верований, включая какое-нибудь ВуДу и довольно редкое New Age. Случайно ли это? Вообще, «случайность», как мне представляется, – это категория поверхностно-примитивного материализма как черта неразвитого человечества. Дескать, *случайно* трава стала травой, млекопитающие – от *нефиг* делать – вышли на сушу, а обезьяна, ища на попу новых приключений и серьёзных неприятностей, вдруг – опять же, материалистически *случайно* – превратилась в человека… Нет, не бывает на свете таких случайностей, которые бы предопределили тенденции мирового развития на тысячелетия.

Применительно к оккультизму, речь должна идти о тех фундаментальных гуманитарных теориях, которые предназначены быть заманчивым чтивом для интеллектуалов, а не мобилизующим фактором для конкретных действий, улучшающих природу человека. Вспомним, например, фундаментальные данные, изложенные в Махабхарате, книге Велеса, книге Конфуция, наконец, в той же Библии. Все они побуждают к конкретным типам поведения, действий и повседневного взгляда на мир. «…Чти отца и мать, не лги, соблюдай законы Рита, ибо только тогда произведёшь здоровое потомство и будешь счастлив и так далее». Приведём для сравнения (чисто *тривиально-гипотетически-философского*) выдержки из некоторых философских основ оккультизма: «…Группа семи звёзд в Большой Медведице (Саптарти) и семиглавый дракон послужили видимым основанием для семи времён. Богиня семи звёзд была матерью времени, как Кел, отсюда и Келти и Септи – для определения двух времён и числа 7… Восемь символов определяют добрую и злую судьбу, и они ведут к великим деяниям. Нет более великих образов, достойных подражания, нежели Небо и Земля… Мы говорим и утверждаем, что Звук есть, прежде всего, страшная оккультная сила, что это изумительная сила, которую не смогло бы уравновесить всё электричество, полученное от миллиона Ниагар…» Все эти фразы, разумеется, вырваны из контекста, кстати, интереснейшего, изумительно логичного и высоко интеллектуального. Но, какое отношение все эти чудесные описания имеют к нашей с Вами, в том числе и интеллектуальной жизни?! Именно отрицательный ответ на данный вопрос и обусловливает очевидный факт непопулярности оккультизма в сравнении с уже упомянутыми религиозными теориями.

Если «пассионарность» и «оккультизм» практически никогда не становились предметом пропаганды – уж слишком высоко интеллектуальными и непрактичными для гопников[1] были эти теории – западничество и славянофильство всегда представляли собой объект пропаганды, и сама дилемма, вдруг озвученная в XIX-ом веке, является не более, чем пропагандистский трюк для несведующих. Знаете, рассуждение об отличии западничества от славянофильства – всё равно что на*зы*вание площади с белыми стенами, башнями и палатами словом *red*, то есть «красная». Занятно, что истые славянофилы считают всё западное, происшедшим от великой расы русов. Так как же тогда можно противопоставлять западный и славянский миры?! Если западничество ассоциируется с капитализмом – нормальным, а не рейдерски-бандитским, как в РФ, – уважением к закону и семейными ценностями, так это как раз то, с чем ассоциируется славянское родноверие и соответствующие правила человеческого общежития. К тому же декларирующие русскость современные власти провозгласили самый что ни на есть западный капитализм. Кстати, К. Маркс и Ф. Энгельс тоже изволили быть гражданами западной страны… Ещё бо́льшая путаница наблюдается в умах тех, кто ставит знак равенства между

---

1 Слово «гопник» связывают с аббревиатурой *ГОП* («Государственное общежитие пролетариата»), что размещалось после революции в гостинице «Октябрьская» напротив Московского (Николаевского) вокзала? Деревенские сыны революции, размещаемые в этом общежитии, по вечерам баловались разбойными нападениями на граждан, отличались крайней невоспитанностью и ужасными манерами (плевались и мочились на улице), за что и удостоились соответствующей историко-лингвистической памяти.

славянофильством и православием, то бишь восточно-христианским правоверием, с одной стороны, и западничеством и римо-католической верой, с другой. Итак, где возникло так называемое христианское православие? – В Византии. – А кто основал Византию? – Римский император Константин. – Где находится Рим? – На Западе… Как говорится, вопросов больше нет. Меня умиляют, например, те, кто с патриотически славянофильским блеском в глазах (примерно таким же, как у сепаратистов, разграблявших сбитый МН-17) любит повторять, что наши предки регулярно мылись в банях в отличие от «…обливающихся духами грязных французов и англичан». Ну, во-первых, позвольте усомниться в правоте такого довода, особенно применительно к большинству европейский стран, где множество рек, озер и морских побережий при сравнительно тёплой погоде; а во-вторых, как насчёт общественных римских бань, которые были в каждом мало-мальски населённом пункте западной римской империи?.. К тому же, хоть и из свинцовых труб, но водопровод в Римской империи строили, а вот в Московском княжестве, даже спустя добрый десяток веков, такового, мягко говоря, не наблюдалось. Если к сказанному добавить наличие у славянофилов тех же самых материальных ценностей, что и у западников – например, обогащение, выбор еды и одежды, требования к жилью, образование и доступность развлечений, – то останется лишь место для соответствующего знака равенства. Что же касается патриархальности внешнего вида и привычек, то у совсем не славянофильствующих Амишей, Вайомингских лесорубов и Хассидов они ничуть не менее патриархальны, чем у славян XIX-го века, сурьёзно и, как правило, исподлобья поглядывающих на нас с жёлто-коричневых плотно-картонных фотографий. В общем, налицо явно пропагандистский посыл, искусственно противопоставляющий абсолютно непротивопоставляемые этнические свойства. Существенно то, что подобная пропаганда активизируется всякий раз, когда вождь или вожди так называемой России замыслили очередную конфронтационную гонку с Западом. «ЕврАзес…», «Таможенный Союз…», «Русский Мир…».

Названные четыре теоретические течения, затронуты здесь по причинам, которые, кроме всего прочего, могут в данном контексте рассматриваться и в качестве выводов:

1. Оставаясь своего рода интеллектуальной игрой для досужих людей аналитического склада мышления, эти теории не

способствуют, если можно так выразиться, улучшению качества человека; они не способствуют его позитивной ориентации на пути эволюции и не вырабатывают ни оптимальных, ни просто жизненно применимых моделей поведения.

2. Они основаны на чьей-то индивидуальной трактовке явлений, предполагающей их специфическую оценку под определённым, как правило, непроверяемым на практике углом зрения. Например, оккультисты, будь то *профессионал Блаватская* или *любитель Быков-Остромов*, всегда ссылаются на мнение того или иного конкретного учителя-толкователя.

3. Данные теории имеют либо *чисто российское*, либо *косвенно российское* происхождение. Например, ссылки на индийских учителей оккультизма подразумевают их преемственность от риши-волхвов, выходцев с территории современной России. При этом все теории обильно ссылаются на другие культуры и эпохи – и прошлые и нынешние – подменяя нерусские понятия русскими, что, кстати, является типичной проблемой пропаганды, если, конечно, копнуть поглубже. Знаменательно, что данные теории либо малоизвестны, либо вообще неизвестны в интеллектуальных кругах за пределами РФ.

4. Опубликованные в рунете и обсуждаемые по телевидению РФ, они стали широко известны и доступны лишь в последние двадцать лет, хотя создавались в прошлые века. Не является ли данный факт свидетельством в пользу нового существенно изменившегося пропагандисткого подхода властей к способам воздействия на умы населения?

5. Эти философские течения заманивают умы – особенно молодые и ищущие – своей псевдоинтеллектуальностью и логически выраженной красивостью, а в итоге не предполагают сколь-нибудь приемлемого способа внедрения соответствующих постулатов в жизнь. Тут дело обстоит примерно так же как со спиртными напиткамии и табаком, сперва услаждающими человека, а в конечном итоге приводящих его к деградации и постепенному уничтожению всего человеческого рода. Кстати, не замечали, что особо хорошо философствуется под рюмочку?!

В заглавии мы упомянули и другие туманные теории, и, поверьте, их действительно множество, о котором не хватит ни времени, ни бумаги сказать и написать. Особой частотностью упоминания в СМИ отличаются теории «ноосферы» (далее упомянутой в контексте комментариев к методу «Нового критического реализма» в России – см. стр. 125, 126) и «конспирологии». Считая авторами этих теорий людей, не вполне психически адекватных, я в то же время хочу подчеркнуть факт величайшего ума авторов этих теорий, отнюдь не пытаясь закидывать шапками Ж.-Ф. Леруа, Т. Шардена и В. Вернадского, признавая меж тем, что их ум, скорее всего, был намного более развит, чем мой, и чем разум остальных 99% человечества. Но, друзья, разве подобные выводы из теории «ноосферы» не отдают очевидным сумасшествием:

(1) «Наиболее полное воплощение теория Леруа нашла в разработке Тейяра де Шардена, который разделял не только идею абиогенеза (оживления материи), но и идею, что конечным пунктом развития ноосферы будет слияние с Богом.

(2) По мнению Вернадского, основными предпосылками создания ноосферы являются: учреждение единого планетарного марксистско-ленинского государства…»?

Итак, «Бог» вместе с «марксизмом-ленинизмом»… Я тут невольно припомнил известный анекдот, когда прокоммунистически зомбированная учительница заставляла детей шуметь в знак отрицания Бога. Один еврейский мальчик тогда, как известно, отказался и смело заявил, что, дескать, если Бога нет, то он ничего и не услышит, а если он всё-таки существует, то зачем тогда портить с ним отношения?..

Или, взять например, теорию конспирологии, столь любимую *путиноидами* всех мастей. Вот прикиньте, как говорится: русский алкаш размышляет о том, выпить или не выпить средство для чистки ванной (политура и тройной одеколон, к несчастью, закончились…) Колеблясь, он вдруг вспоминает… план Аллена Даллеса, первого директора ЦРУ, и решает: *выпью*… Так, «по плану проклятых пиндосов и убивается генофонд русского народа», – сообщат по центральным, то есть бесплатным, каналам российского телевидения… Абсурд, короче. Полный абсурд!

Язык не обманешь

Во дни сомнений, во дни тягостных раздумий о судьбах моей родины, – ты один мне поддержка и опора, о великий, могучий, правдивый и свободный русский язык! Не будь тебя – как не впасть в отчаяние при виде всего, что совершается дома? Но нельзя верить, чтобы такой язык не был дан великому народу!

Иван Тургенев, июнь 1882-го
(а звучит так актуально, что, кажется, вчера было написано)

Увы, нет конца сомнениям и тягостным раздумиям о судьбах тех территорий, которые когда-то именовались Россией. Нет уже великого народа, чей крах цивилизации налицо, но остается, хоть и исковерканный, бесконечно реформированный, но по-прежнему впитавающий в себя всё, что происходит вокруг, правдивый и свободный русский язык.

Справедливости ради следует добавить, что правдивым и свободным он остаётся лишь в устах тех счастливчиков, которым не в силах помешать кремлёвская *пропаганда*. А она тоже, кстати, использует самый что ни на есть русский язык, обманывает людей посредством его родного, великого и могучего. Впрочем, она не в силах скрыть того, что, как зеркало, русский язык отражает и проясняет. Выходит так, что с помощью языка обмануть можно, а вот сам язык обмануть нельзя. Вообще, друзья мои, если Вы хотите точно и безо всякой пропаганды узнать о том, что из себя представляет тот или иной деятель, политикан, философ да и просто обыватель, или о том, «с чем едят» то или иное явление, изучайте язык: его лексику, грамматику, культурологические ссылки, стиль, – и Вам всё сразу станет понятным. Считайте частотность метафор и эпитетов, цветистых фраз и специфических фразеологизмов, мата, наконец, – и Вы обнаружите свойства характера, проблемы и даже заболевания говорящего или пишущего, а также при помощи одного только языка Вы сможете хладнокровно и непредвзято разобраться в сути спорного явления.

Например, парня останавливают на улице и спрашивают: Как дела? – Он отвечает: «Суперски…». А вот из той же оперы, как говориться, но уже посерьёзнее: мэры некоторых российских городов теперь будут называться «сити- менеджерами». Таким образом, налицо примеры врожденного совково-бескультурного космополитизма, причём проявляемого на фоне оголтелого лживого антиамериканизма. А вот недавно появившиеся, но уже вполне укоренившиеся англоподобные «пехтинг» и «дачинг» свидетельствуют о другой характерной вехе нынешней истории РФ, а именно об инвестициях нелегально полученных средств в собственность за рубежом и в России высокопоставленными российскими чиновниками и депутатами. Смотрите, какая забавная картина вырисовывается: слова и словосочетания, относящиеся к научно-техническому прогрессу, новым технологиям и рыночной экономике – сплошь англицизмы (возьмите, например, «консалтинг», «принтер», «драйвер», «мониторинг» и так далее), – в то время как именования пыток и всего того, что относится к царским или к чекистским застенкам и тюрьмам – чисто нашинские, – аж патриотическая гордость разбирает – вслушайтесь, как красиво и певуче: «дыба…», «иголки под ногти…», «графином по челюсти…», «тушить хабарики о голую грудь…», «выбивать зубы…», «хата…», «шконка…», «петух…» и подобные именования. Или вот решила так называемая христианская церковь греческого обряда уничтожить русское двоеверие (читай: древнюю культуру – к слову, намного превосходящую современную) и окрестила, точнее назвала, «правоверие» (переводится как *orthodox*) «православием», где последнее явно подразумевает ассоциацию с ведической «славью», то есть прославлением богов и предков.

Грустным исключением и своего рода белой вороной предстаёт нерусская «коррупция», хотя есть родное и ласкающее слух «взяточничество» и уж тем более привычные русскому сердцу «распил» и «откат». Аж слеза просится!.. А что может быть роднее, патриотичнее и, главное, эмоциональнее русского мата? У вшивых европейцев – максимум по четыре-пять матерных слов в языке, а у нас целые этажи… поднимающиеся в небо на такую высоту, что верхняя граница просто неразличима за облаками… При этом по одним только приставкам, суффиксам и окончаниям производимых крепких слов можно вполне разобраться в душе русского человека, где, как правило – как и у балалайки – натянуты три струны: патриотизм, алкоголизм и пофигизм. (…Не мной, а кем-то другим придуманный и выставленный на Интернете, афоризм.)

Прекрасной иллюстрацией сказанному являются ролики «Солидарности» о Путине, пошло рассуждающего на «мочеполовую тему», «слюни и сопли» и использующего прочие приблатнённые словечки. Таким образом, не по мнению какого-нибудь *Правого сектора* и бывшего министра иностранных дел Украины И. Дещицы, а по своим собственным словам, руководитель РФ предстаёт малокультурным грубым совком, а если к этому добавить неверные ссылки на исторический контекст, то картина оказывается вполне понятной и однозначной. В то же время очевидная любовь постсоветского общества к путинским пошлостям чётко свидетельствует об уровне соответствующего, с позволения сказать, социума, что проливает свет и на национальные демократические институты, и на трактовку идеи *русского мира*, и на отношение к гастарбайтерам, и даже на агрессивную внешнюю политику Кремля.

Непосредственная связь языка с историей и менталитетом нации подробно, хотя и не всегда филологически глубоко, затронуты в фильмах Сергея Стрижака из серии *Игры Богов*.[1] На сегодняшний день это, пожалуй, лучшая иллюстрация образности и значимости отдельных компонентов русского языка, и я искренне рекомендую эти серии посмотреть.

К сожалению, отсутствие необходимой чёткости в русской грамматике – что, как известно, было вызвано бесконечными реформами, включающими откровенное коверканье русского языка Кириллом с Мефодием, Петром Первым и А. Луначарским, – создаёт благоприятную почву для искусственного притягивания за уши тех или иных иностранных слов к древнерусским корням. Например, так называемый академик В. Чудинов[2] договорился до того, что «Рим» означает «мир» наоборот. При этом он не объяснил, зачем русским потребовалось переворачивать слово, а так же упустил из виду

---

[1] Сергей Стрижак, как, впрочем, и некоторые другие творческие люди (например, писатель Александр Проханов и режиссёр Никита Михалков) относятся к тем, весьма нецельным натурам, которых просто невозможно слушать, – внимание невольно отвлекается на поиски кирпича, да поувесистее, – но которые при этом талантливы в своём творчестве.

[2] …Напрашивается шутка о том, что население современной РФ делится ровно на две части: академики и коммерческие директора… при практически полном отсутствии современной науки и нормальной экономики.

латинское написание слова, а именно «Roma» (*amor*, то есть любовь, если прочесть наоборот, – короче, эврика (!): я сделал лингвистическое открытие, разбирая слово «Рим»…). Подобные глупости следует отличать от правдивого отображения действительности и выражения культурных явлений, в том числе и прарусских-древнеславянских. В общем, держа в уме незабвенно-бе́ндеровское «лошадью ходи», мы всё же не должны забывать об А. Алёхине, Х-Р. Капабланке, Р. Фишере и Г. Каспарове. Язык чем-то похож на шахматы – в нём тоже есть непонятные на первый взгляд комбинации. Но в отличие от шахмат, которые всегда и при любых условиях содержат одни и те же правила, язык – это лакмусовая бумажка истории. Посудите сами, чтобы перевести Библию и сделать таковой перевод воспринимаемым высококультурными русами – вспомним поголовную грамотность Велкого Новгорода –Кирилл и Мефодий… удалили девять буквиц-образов из русской азбуки. Забегая вперёд, отметим, что А. Луначарский с В. Лениным вообще удалили все образы, заменив их буквами, после чего жителей бывшей России заставили переучиваться на примитивный язык с целью иметь послушно-рабское недумающее население. А ведь любой догадается, что *А, Б, В, Г и Д* – это совсем не то, что *Аз, Буки, Веди, Глагол и Добро*. К примеру, *а*бракадабра, *б*олван, *в*арежка, *г*овно и *д*урак – совсем не *Аз, Буки, Веди, Глагол и Добро*, хотя и начинаются с тех же самых букв. Вибрация звуков влияет на ДНК, как выяснили учёные, и не получая необходимой вибрации буквенных образов, человек попросту хиреет – уж позвольте не влезать в соответствующие сугубо научные разъяснения по данному вопросу, – почитайте работы того же П. Горяева, например. Язык открывает тайны нашего появления и существования: например, слова «жизнь» и «образ» являются аббревиатурами: «ж.и.з.н.ь» означает *живот земли нашей, созданной свыше* (буквицы-образы «**ж**ивот», «**з**емля», «**н**аш», «**е**рь»); *о.б.ъ.р.азъ»* – *он богами творимый рекомый асом* (буквицы-образы «**а**зъ», «**б**оги», «**о**н», «**р**ьцы», «**е**ръ»). «Образ жизни», в итоге (когда два образа сливаются в один концепт), трактуется как «богами и асом творимый один из ликов живы», где жива предстаёт единицей жизни, иначе говоря, нашим подлинным «я». Данные примеры приведены здесь не столько для того, чтобы показать невозможность обмануть язык, сколько для подчеркивания мысли об изначальной – если хотите, «онтологической» – правдивости языка как явления, отражающего миропорядок.

Посмотрев на язык с разных сторон, ощутишь непререкаемую значимость каждого его компонента – значимость, которую можно исказить… только целеустремлённой пропагандой. Помните, что говорил про наше время Бог Перун 40 000 лет назад: «…Но придут из Мира Тьмы чужеземные вороги и начнут глаголить Детям Человеческим слова льстивые, ложью прикрытые (Сантьи Веды Перуна)».

В заключение хотелось бы кратко прокомментировать тот факт, что на конференциях, симпозиумах, политических встречах, даже просто с лекторской трибуны принято читать по бумажке. Какова, мол, в этом случае показательная роль языка? Здесь, представляется, речь должна идти, прежде всего, о самом предмете сообщения и частично об отношении говорящего к этому самому предмету, но отнюдь не о выходящих за соответствующие пределы личностных особенностях, мировоззрении, психоустройстве или желаниях самого говорящего. К тому же именно к «отредактированным» словам или даже к выступлениям, написанным кем-то другим, в наибольшей мере относится следующая древняя мудрость: «Будучи озвученной или записанной, мысль становится ложью».

Общемировое промывание мозгов и деградация человечества
(хотя, как поётся: «Я вам не скажу за всю Одессу – вся Одесса очень велика…»)

Опасность разумного человека в том, что он больше всех подвержен соблазну влюбиться в неразумное.
Ф. Ницше

Американские *политумышленники* и подвластные им *СМИумышленники* (как, впрочем, и другие *умышленники* развитых демократий) неожиданно-невольно и, надо признать, довольно постоянно сталкиваются с ими же порождённой проблемой – помните, как восклицал легендарный товарищ Бульба: «Чем тебя породил, тем тебя и убью…». – Так вот, едва благочестивый и не привыкший слишком глубоко думать обыватель заглянет в MSNBC или CNN, ему вдруг почему-то придёт в голову включить Fox или обсудить с «дружбаком» за пивом статью в Wall Street Journal, где высказываются диаметрально противоположные MSNBC или CNN взгляды. Плюрализьм, короче. То ли дело в тоталитарных или вертикально-структуированных государствах, – я тебе, блин, покручу руку переключателя программ!.. – грозит совсем не советский КГБшник, а европейски одетый, но по-прежнему неузнаваемый в толпе, начисто аморальный тип, то есть «офицер действующего резерва». Так что, хоть Первый канал, хоть НТВ, хоть пропагандистски-изворотливая Russia Today – всё равно, – промывание мозгов будет обеспечено в одном и том же строго определённом Кремлём направлении. Вывод напрашивается сам по себе: промывание мозгов в демократических государствах может быть обеспечено лишь в случае привязанности людей к одному и тому же источнику информации, в то время как при автократических режимах обращение к самым разным СМИ не уберегает человека от постоянного и целенаправленного воздействия. Вот именно поэтому рейтинг поддержки «вождя Путина», стоящего во главе кремлёвской шайки, достиг в августе 2014-го года восьмидесяти трёх процентов, а американцы вынуждены были вывести войска из Ирака и Афганистана. При всём при этом следует с сожалением признать, что на Западе всё больше людей поляризуется в сторону определённой пропаганды. Хотя, в США, например, выручает спорт (О, спорт, ты мир! – так и хочется по-советски зычно воскликнуть). Когда начинается бейсбольный, футбольный, баскетбольный или хоккейный сезоны, для обывателя все политические новости отступают на очень и очень задний план. Так что дьявол вынужден нервно кусать ногти (или *когти*), но результат игры его одноимённой «Нью-Джерси Девилз» и «Шаркс» – для многих гораздо важнее, чем вся его, то есть дьявола, CNN, MSNBC и прочая пропаганда!

Итак, на каком основнии промывание мозгов неизбежно ассоциируется с умственной – или, если хотите, с *мозговой* – деградацией? Ведь, казалось бы, пропаганда и умственная деградация – вещи несовместимые, как, скажем, яблоки и апельсины. Пусть, мол, человек смотрит на мир с «этой, определенной» точки зрения, а не «с какой-нибудь другой» – и при чём тут деградация? Суть дьявольской пропаганды, другими словами, целенаправленного промывания мозгов состоит в постепенном превращении человека в робота, не имеющего совести, не переживающего, абсолютно аморального, потворствующего только низменным сиюминутным интересам и никогда не задумывающемся о причине и цели своего земного существования. В чём, например, проявляется деградация? – В пропагандистском игнорировании тех явлений, которые продлевают жизнь, с одновременным прославлением того, что ведёт к укорачиванию жизни. Вспопмним, например, программы MTV, Дом-2, воющих и громыхающих рок-металлистов, пошлых Гарриков Харламовых с Мартиросянами и «С.» Слепаковых со Светлаковыми, популярных *рэп-одноклеточных*, пропагангирующих досемейный секс, наркотики, ругательства и прочие разрушающие личность псевдопривлекательные мульки. А как же тогда, спрошу я, многотысячелетняя уверенность в необходимости соблюдать целомудрие, факторы, влияющие на физическое развитие тела и духовное укрепление энергетически обусловленных чакр?.. Я что-то не припомню, чтобы хотя бы одна популярная молодёжная теле- или радиостанция, призывала к постижению истины, к семейным ценностям, наконец, к изучению целительных трав, типов поведения, питания и спортивных (тем более йогических) упражнений, объективно продлевающих жизнь...

В связи с этим на передний план выходят сильно надоевшие понятия «образования» и «работы», столь однозначно пропагандируемые среди роботоподобной молодежи. Возьмём для начала образование. Все знают, например, как дорого и практически недоступно сегодня образование в Гарварде, Принстоне, Оксфорде и прочих всемирно престижных Кембриджах. Но, скажите, разве в этих, самых дорогих и престижных университетах учат о миллионнолетней истории Земли, об истинном происхождении человечества, *удобно-политической* роли так называемых мировых религий, средствах неограниченного продления жизни, наконец, о древних технологиях, намного превосходящих наши самые смелые фантазии, – и это в то время, когда уже сделаны убедительные археологические открытия в Бостоне и в Аркаиме, в Фивах и в Коско, в Триполье и в Техасе, и только ленивому неизвестны электронные ключи Двораки и чертежи виман? Что же тогда говорить о менее престижных высших учебных заведениях, о средних и прочих школах, где безраздельно царствуют дарвинизм, материализм и прочая давно изжившая себя ахинея. Горестно, но факт: в сегодняшнем мире *образования* (в нормальном понимании этого слова), увы, просто не существует.

А как насчёт «работы»? Она, грешная, как правило, ассоциируется с понятием «востребованности». Неслучайно, самыми прибыльными работами сегодня являются распространение героина (1600% прибыли), продажа церковных свечек (1500 % прибыли), хакерство, проституция, киллерство, ростовщичество и политическое лидерство. Но это, скажем прямо, не те работы, на которые был соориентирован пришедший на Землю человек. Если же говорить о большинстве нынешних землян, то речь здесь идёт, прежде всего, о финансово выгодной, а не об общественно полезной работе. *Пичалька как бе* снова… Поскольку значительную, если не большую часть жизни человек проводит именно на работе… несущей разочарование, ползущую деградацию и последующее уничтожение личности.

Скажите на милость, кто во всём этом негативе может быть заинтересован? Разумеется тот, кто ищет уничтожения человечества, то есть условно *дьявол*.

Одним из почти неощутимых, но верных способов постановки огромного количества людей на рельсы постепенной деградации является привитие некоей всеобщей моды, следование которой постепенно бы сводило мозг и душу человека на нет, – причём без осознания такового самим индивидом. В последнюю пару десятилетий наметилась одна, мягко говоря, странная тенденция: всем*и*рная и всем*е*рная увлеченность виртуальной реальностью – («вритуальной втиральностью», как говорилось в одной юмореске С. Ещенко): сначала просто компьютерами с интернетом, потом мобильными телефонами с СМСками и, наконец, *iPod*ами, *iFon*ами и *Android*ами при полном наркотическом опьянении социальными сетями. Иногда подобная технологичность вылядит в лучшем случае неразумной. На днях, например, произошел весьма показательный эпизод. Мой приятель (кстати, образованный и уважаемый профессионал), позвонив мне, попросил послать ему один номер телефона СМСкой. Так вот, нажатие соответствующих кнопок заняло у меня гораздо больше времени, чем если бы я просто сообщил данный номер во время того самого разговора по телефону… Но такова, увы, мода сегодняшнего общения. В этой связи вспоминается один юмористический рассказ М. Задорного, в котором подросток, устав от тридцатисекундного (!) ожидания лифта начал обмениваться с другом СМСками типа: «…Ты чё? – Так ничё. А ты чё? – Тоже ничё…».

Впрочем, вернёмся к теме, чтобы обсудить всё по порядку. Итак, в девяностых люди стали массово пользоваться компьютером, – печатать и посылать друг другу электронную почту, что в целом очень хорошо, так как это быстро и удобно. Можно, например, увеличивать кегль шрифта, чтобы лучше видеть текст, играть с картинками и с текстом, создавая новый или обрабатывая старый материал, чего, например, нельзя делать с уже готовыми и навсегда зафиксированными печатью книгами и журналами. Далее появились мобильные телефоны и тут же прозвучали первые сигналы тревоги: дескать, люди, разговаривая по мобильнику, бьются на дорогах, а держа постоянно аппарат у уха, можно запросто заработать рак. Насторожило и то, что отовсюду убрали таксофоны-автоматы, а с автострад убрали аварийные телефоны, откуда пострадавший водитель всегда мог сообщить о своей проблеме, – вдруг батарейка сядет в пути через горы или прерии. На этом, точнее на этих примерах, и заканчивается технологическая «завлекуха», как любит повторять тот же М. Задорнов. Дальнейшие же изобретения начисто отучают человека от живой и осмысленной коммуникации, заменяя таковую суррогатом общения по «усовершенствованному» мобильнику и в социальных сетях. Здесь три момента представляются значимыми. *Во-первых,* из-за трудности, а подчас и крайнего неудобства нажатия на маленькие кнопки, электронные послания пестрят грубыми грамматическими ошибками, зачастую сознательно допускаемыми, монстрообразными аббревиатурами и примитивными смайликами. *Во-вторых*, миниатюрная виртуальность портит зрение, особенно у подростков. *В-третьих*, как и написание СМСок, так и пользование социальными сетями предполагает постепенное упрощение человеческого ума и нивелирование личности на уровне стадных моделей поведения. Поясняю, если я хочу узнать о сущности или оценке того или иного явления, а тем более, когда я хочу научиться чему-либо, мне будет дорого мнение экспертов и профессионалов, а не «лайки» людей, не обладающих достаточными знаниями, информацией и вкусом. Например, я выставляю на Facebook фотографию дома, который хочу купить. Большинство людей ставят «лайк», но среди них нет ни одного архитектора или инженера-строителя. В итоге я делаю усреднённый и не основанный ни на какой профессиональной экспертизе вывод: дескать, всё хорошо, – хотя в действительности дела могут обстоять совсем иначе. Что же касается близких и друзей, то всегда можно снять трубку и поговорить или же послать грамотно написанную электронную почту. Если, конечно, речь идёт о настоящих друзьях, и при этом ещё кишка́, как говорится, не тонка.

Вообще говоря, в прошлом – как в далёком, так и в близком, – у людей не возникало желания обговаривать жизненные явления, проблемы и события с весьма размытым сообществом индивидов разного возраста, образования и мировоззрения. Получение какой-либо реакции от подобного калейдоскопичного социума скорее обусловлено стремлением удовлетворить собственную гордыню, нежели желанием услышать нечто полезное. Впрочем, об этом можно долго говорить, но вместо этого я позволю себе остановится на ответных комментариях к следующему, часто мной слышимому, примечанию: мол, если тебе не нравятся общие «Facebook», «Twitter» или «В контакте» с «Одноклассниками», иди на сугубо профессиональный «Linkedin», где получишь своего профессионализма ровно столько, сколько сможешь унести. Отмечу, что все эти социальные сети не только прочитываются и просматриваются всеми, кому не лень, – то бишь спецслужбами, террористами, хакерами и троллями, – полностью исключая таким образом какую-либо приватность переписки, но часто используются подставными лицами, желающими извлечь для себя определённую пользу. В этой связи, подметим, что если на том же «Фэйсбучике» можно представиться кем угодно, то, скажем, на профессиональном сайте, такое не пройдёт, ибо фамилии Ваших друзей в данной сети уже сами по себе поведают недоброжелателю о том, кто Вы по профессии, где работаете (это обязательно кто-нибудь сболтнёт), каковы Ваши планы, интересы и проблемы. Не правда ли противно быть в этом уверенным? Хотя в «Linkedin» *я* всё же поучаствовал бы. Просто нет и не предвидится времени на это. Относительно последнего, я искренне недоумеваю, как и где взрослый, работающий, семейный и имеющий постоянное хобби человек, может найти время на переписку в социальных сетях?

Часто приходится слышать, что участие в социальных сетях даёт возможность всем без исключения самовыражаться. Тут, к слову, я невольно вспоминаю про синдром Снежаны: девушка так стрессанула из-за отсутствия ответов на свои запросы в Facebook, что сошла с ума. Короче говоря, нас с детства учат не просто самовыражаться, а самовыражаться без ошибок на должном, а не на усреднённо-примитивном уровне. – Сумасшедший ведь тоже самовыражается, называя себя Наполеоном…

На днях, в местном поезде (электричке) по дороге в Вашингтон я увидел массу зомбиподобных людей, никто из которых не держал перед собой раскрытую книгу, журнал или газету. Зато абсолютно все уставились в миниатюрные экранчики, в которые время от времени тыкали, порою тщетно стремясь попасть в нужную иконку или букву. Тут я вспомнил недавние добрые времена, когда люди в транспорте читали или беседовали друг с другом, и мне почему-то стало грустно. Ведь и ежу понятно, что чтение книги – это восприятие текста хотя бы без ошибок. Это ведь совсем не «Ты чё? – Так ничё. А ты чё? – Тоже ничё…».

Цель человека, стремящегося к развитию, не реализуется посредством выбора такого занятия, которое просто убивает время, а лишь путём осознанного совершенствования умственной, физической или духовной стороны личности. Не вдаваясь в достаточно уже известные физиологические исследования о губительности миниатюрных средств виртуального общения, отважусь предположить, что любому здравомыслящему человеку было бы намного интереснее читать книгу или, на худой конец, смотреть по лэптопу интересный фильм, чем портить зрение, играя со смартфонами. Но тут неожиданно возникает убийственный вывод: люди стали терять навыки, обеспечивающие познание, а значит, и совершенствование человека, – мол, пиши и читай только примитивные вещи с ошибками, сводя мыслительные процессы к выбору одной из немногочисленных иконок и тупому нажатию кнопок. Кстати, моторика и рассудительность – часто вещи взаимоисключающие. При этом обратите внимание: кулинарией, спортом, музыкой, живописью, как и коллекционированием открыток интересуются лишь отдельные и часто небольшие части общества, хотя эти хобби существовали века, а вот пользование социальными сетями и разнокалиберными мобильниками присуще почти всему населению Земли, хотя последние были придуманы в среднем лишь четырнадцать лет назад. Налицо ускоренная роботизация как элемент деградации общества. Почему подобная роботизация стала возможной за такой короткий срок? Ответ прост и однозначен: реклама, то есть пропаганда, причём очень мощная и всеобъемлющая.

Необходимость формирования принципиально нового мировоззрения.
Единая новая всеземная религия

Не хлебом единым сыт человек…
хотя вся его жизнь зачастую
посвящена поиску хлебного места.
При этом даже сконцентрировавшийся
на одном только хлебе индивид навряд ли
захочет лакомиться чёрствым,
а тем более заплесневелым хлебом…

На Востоке – да и не только на Востоке – упрекают Запад в бездуховности, – мол, нет у них единой веры, а потому верующие (особенно так называемые «истинно» верующие) имеют над ними неоспоримое духовное преимущество. И действительно, в той же Америке призваны уживаться католики с протестантами, хасиды с англиканами, мусульмане с мормонами, иеговисты с пофигистами, атеисты с сатанистами, православные… друг с другом, что даже теоретически представляется совсем не просто, ибо «верованья», равно как и «суеверия», носят, как правило, взаимоисключающий характер. Возникает вопрос, а чем такая ситуация кого-то не устраивает? Ведь в той же Америке разные конфессии благополучно друг с другом сосуществуют, и при этом возникает гораздо меньше проблем, чем в культурах одной доминирующей религии. Ответ прост: в любой стране необходимо с раннего детства формировать мировоззрение, чтобы не дай бог не получить асоциальный – или *анти*социальный – продукт в виде душегуба, насильника или татя. Соответственно, с детсадовских младых ногтей настойчиво формируется философско-бытовая смесь историко-географических, культурных и религиозных знаний и представлений и подобающих поведенческих моделей. Раньше, например, при формировании одной системы (условно говоря, модели «А») было совсем неважно, что где-то за океанами или за лесами с пустынями формируются другие мировоззренческие системы (скажем, модели «Б», «В», «Г» и так далее). Жил себе мусульманин в Аравии и слыхом не слыхивал о каких-то японских синтоистах; и никак, например, не пересекались белорусские православные с мексиканскими поклонниками Кветцалькоатля, а нигерийские Вуду с английскими методистами. Но мир стремительно становился всё теснее. Всё больше стало возникать вопросов, и… всё чаще стали верующие сомневаться в правоте тех или иных религиозных теорий; и что самое прискорбное, всё чаще молодежь стала разочаровываться в национальных религиозных и культурологических доктринах, становясь маргиналами, революционерами, наркоманами, люмпенами и тому подобными особями, объективно устремляющими человечество к деградации.

К подобному рассуждению несомненно относятся два наблюдения из личного опыта, как принято говорить. Первое связано с тем, что после крещения в 1993-м году, будучи православным фанатиком, читающим – и заучивающим наизусть (!) – только православную литературу, я так и не получил от священников вразумительного ответа на вопрос: «Чем христинство точнее и логичнее буддизма, и что именно в нём объективно добрее и божественнее, чем в исламе?». Второе примечание касается одного хорошо знакомого мне юноши, долгое время бывшего прислужником в алтаре и имевшего исключительно религиозную мать. Возмужав, этот юноша напрочь отказался от христианства и в течение определенного (к счастью, весьма недолгого времени) следовал путям, диаметрально противоположным религиозным назиданиям.

Итак, напрашивается весьма конкретное предложение: предоставить подрастающему поколению такое мировоззрение, которое хотя бы не вело к постепенному вымиранию мыслящего гомо сапиен*а*. Тут, к сожалению, одним только экуменизмом проблемы не решить, Ведь экуменизм ориентирован на некую усредненную религиозно-межконфессиональную доктрину, не учитывая при этом данных археологии и других современных наук, а они-то как раз и призваны повлиять на фактологию и пропагандистику религиозных учений, заставляя отмести всё, что с научной точки зрения не выдерживает никакой критики. Ну посудите сами, например, о каких семи с половиной тысяч лет с момента создания (сотворения) мира можно вести речь, кода Костёнки с Сунгирью насчитывают 30 и 50 тысяч лет соответственно?.. Значит, что?.. – Библия и прочие соответствующие ссылки – *совсем не того,* как говорится? Впрочем, не стоит делать скоропалительных выводов и отметать на корню всё, обросшее, мягко говоря, не особо аргументированными и не совсем честными теологическими и теософскими посылами. Религии потому и стали общественно значимыми, что имели в себе указание на нечто основополагающее, духовно-непреложное и привлекающее разум, и, следовательно, они не могут быть упразднены из ментального обихода людей. К тому же сколько клериков осталось бы в таком случае без хлебной работы!.. не говорите только никому – ладно?.. В итоге напрашивается простой вывод, который мог бы лечь в основу *нового единого всеземного мировоззрения* (как высокопарно звучит, не правда ли? – ишь, замахнулся!). Мировоззрение должно объединять две вещи: *первая* – это экуменистическая доктрина, обязательно впитывающая не только так называемые современные мировые религии, но и веды, оккультизм, древний эпос всех без исключения народов мира (саги, предания, так называемые сказки, мифы и легенды), а также соответствущие секретные данные ведущих мировых спецслужб, хотя речь на самом деле идёт о секрете полишинеля – об этом в примечании внизу страницы[1]; *вторая* – это данные археологических раскопок, генетики, астрономии, физики и, конечно же, лингвистики,которые проливают свет – и часто весьма яркий – на религиозные таинства и культурные традиции народов. При этом ничто и никогда не должно называться конечным, раз и навсегда узаконенным, ибо новые открытия, новые всплески развития человеческого мозга будут дополнять знания и мировоззрение людей в будущем. Как уже упоминалось, наш мозг задействован в лучшем случае на одну десятую потенциала. Как создать или, точнее, заложить основы для формирования такового мировоззрения? Думается, что весьма просто. Сегодня каждая более или менее цивилизованная страна обладает специалистами в области всех ировых религий, основных национальных культур и большинства

---

1 Если Вы хотите узнать, что от Вас скрывают в плане НЛО, прочих иноземных чудес, тайных климатических, психологических и генетических экспериментов, смотрите соответствующие передачи на каналах History, Sci-Fi или даже по российскому РЕН ТВ, и Вы (хотя порой и в окружении полной глупости) найдёте документальное подтверждение тому, что хранилось или хранится под грифом «совершенно секретно». При этом речь, конечно, не идёт о ста процентах соответствующей информации, а об общем, необходимом каждому, научно-популярном представлении о проблеме.

региональных верований; также очевиден доступ и к разнообразной археологической, физической, генетической и другой нужной информации. Почему же не отфильтровать всё это применительно к той или иной культурологической доктрине, чтобы потом свести отдельные выводы воедино?

Отвечая на потенциально напрашивающийся – хотя и чисто демагогический – вопрос о несовместимости несовместимого, отвечу, что даже самый завзятый атеист согласится с духовным стремлением к любви, добру, уважению и справедливости, столь нарочито декларируемый всеми без исключения религиозными институтами, призывающими поклоняться тому или иному «руководящему *товарищу Богу*». В то же время любой верующий признает существование чёрных дыр и телепортации, гаплогрупп и богохульных гипотез о закономерностях устройства многочисленных галактик и вселенной с тысячами обитаемых планет и параллельных измерений. Любому здравомыслящему человеку придётся признать тогда, что ныне пропагандируемая история – в корне лжива, и что выгодна она только тем (а, соответственно, только тому-врагу рода человеческого), кто пропагандирует ложь, получая от этого незаслуженные выгоды и ведя дело к уничтожению человечества. Кто-то опять же спросит: а зачем городить огород? Пусть, мол, всё останется, как прежде, – щедрые иудеи-ростовщики… добрые ацтеки, играющие в футбол головами пленных… сердечные исламские радикалы, подвергающие неверных декапитации или сожжению живьём… скромняга табачный миллиардер Кирилл-Гундяев с часами *Брегет*… католики-педофилы и тому подобные традиционно выражаемые реалии человечества. Последние, дескать, всё равно появились бы на свет при любом новом *всеземном* мировоззрении. – Появились бы или не появились, мы точно не знаем, будучи тем не менее твёрдо уверенными хотя бы в том, что без крайне однобокой агрессивной пропаганды институтов господствующих религий и верований таковые существа не играли бы сколь-нибудь заметной роли. Подарил бы кто В. Гудяеву часы «Брегет», зная, о том, сколько крови пролили христиане и сколько следов мировой культуры они уничтожили? Впрочем, существенно совсем не это, а то, что, чем дальше развивается человечество, тем меньше верят думающие люди, и тем больше зомбируются и становятся агрессивными те, кто по каким-то причинам думать перестал. Выходит, такое новое «исправленное» мировоззрение необходимо. Необходимо оно, в первую очередь, для свежих и морально не слишком устойчивых мозгов подростка, который склонен не принимать на веру, сказанное сверху, и который тем более предрасположен к тому, чтобы отвернуться от явных нестыковок и авторитарного вранья, призванного настроить его на определённую мировоззренческую волну. Такая единая обновлённая доктрина возможна, прежде всего, на Западе, ибо именно там проводятся основные научные и культурологические исследования, и именно там очевидно соединение культурно-мотивированной воли и интеллектуального потенциала учёных из разных стран. В унисон сказанному позвольте предложить Вам несколько утверждений, предполагающих однозначную *Да/Нет* оценку, Заметьте, что эти тезисы основаны на цитатах из книг достаточно известных философов и писателей.

1. Во всех применяемых в мире системах школьного и вузовского образования используется одна и та же модель обучения, основанная на ссылках на объективные данные историографии.

да ☐   нет ☐

2. Каждое новое подрастающее поколение стремится нащупать нечто новое в плане общественного мировоззрения – нечто отличное от ранее принятых поведенческих клише. (Вспомним, хотя бы, «Отцы и дети» И. Тургенева.)

да ☐   нет ☐

3. Последние научные, включая археологические, открытия, явно подвергают сомнению религиозные доктрины многовековой давности. Например, карта Урала, сделаная со спутника много тысяч лет назад, электронный ключ Двораки, в точности соответствующий описанию в Махабхарате; идеально обработанные плиты перуанских развалин весом, который считается неподъёмным даже для самых мощных современных механизмов и так далее.

да ☐   нет ☐

4. Школьные учебники должны состоять из исключительно правдивой, то есть фактически подтверждённой культурологической информации: в них должны быть приведены (1) древние карты, надписи на стенах египетских пирамид, а также ссылки на различные высокотехнологичные цивилизации прошлого; (2) объяснение до сих пор популярных дохристианских привычек, примет и обрядов (типа «Присядем на дорожку», «Сплюнь через плечо и постучи по дереву» и тому подобное); (3) в них не должно быть места «татаро-монгольскому игу», «решающей» Куликовской битве и прочим выдумкам Миллера, Шлётцера и Карамзина – наконец, восхвалению «гениального менеджера»-убийцы Сталина.

да ☐   нет ☐

5. Интерпретация религиозных явлений постоянно менялась и, скорее всего, будет меняться под влиянием открытий и неожиданных находок?

да ☐   нет ☐

В заключение хотелось бы особо обратить внимание на тот факт, что многие теоретизирующие интеллектуалы – особенно из числа обиженных за свою страну – кивают на некое мировое правительство, то бишь «мировую закулису», которая якобы всегда всем руководит, сознательно развивая и направляя то или иное мировоззрение. Мол, куда ты «со свиным рылом в Калашный ряд» лезешь? Всё равно ведь всегда и всё будет так, как *они* захотят, а вовсе не потому, что чья-то теория оказалась более доказанной и практичной. Можно предположить, что апологеты подобных ссылок все заседания этого мирового правительства провели под соответствующим «конференц-столом», подслушивая секретные переговоры сильных мира сего… Проблема только в том, что все подобные интеллектуалы под одним столом не уместились бы. К тому же вряд ли, например, И. Ильину или Е. Левашову это мировое правительство регулярно посылало секретные протоколы всех своих обсуждений. Да и имена вроде Ротшильда и Рокфеллера ассоциируются больше с последними полутора веками. «До-то-го», дескать, всё было путём, но вот в середине XIX века богатым злодеям ударила моча в голову всем руководить и управлять на Земле. – Нет, чтоб специально обанкротиться с целью не участвовать в этой самой «мировой закулисе»… На первый взгляд покажется, что появилось и стало навязываться новое мировоззрение. Но если копнуть поглубже, всё представится совсем иным образом: ислам был и остался; христианство было и осталось; наука как развивалась, так и продолжала развиваться. А вот тот же «Манифест Коммунистической Партии» – а с ним и революционно-люмпенская *роковáя* (или *рáковая*) зараза – появился раньше, чем воцарилось это пресловутое мировое правительство, то бишь *закулиса*, блин… Так что оказывается, не влияет эта коварная призрачная мировая власть на планетарное мировоззрение. (Разумеется, речь идёт о жидомасонах, регулярно по выходным поедающим христианских младенцев…») …Мировоззрение нужно основательно обновить: помыть, почистить, дать возможность расслабиться и отдохнуть и, наконец, запустить в умы с новой обнадеживающей силой.

Необходимость создания нового российского государства

Опасна власть, когда с ней совесть в ссоре.
У. Шекспир

Многочисленность законов в государстве есть то же, что большее число лекарей: признак болезни и бессилия.
Вольтер

Когда кто-то нуждается в срочной операции – мол, таблетки не помогли, а только усугубили, или же, к примеру, опухоль разрослась так быстро, что времени размышлять о рисках не осталось, – больной спешит к хирургу… не сравнивая себя при этом с этим самым хирургом. Даже если больной вчера получил Нобелевскую премию, а хирург еле-еле удержался на работе. Какое здесь имеет значение, у кого кругозор шире и у кого внушительней семейная история? – Вопрос ведь в том, чтобы выжить. Вот и вверяемся мы наркозу, всецело веря, что врач – каким бы он ни был – нас обязательно спасёт. К слову, мне подобные чувства хорошо знакомы. – В СССР и РФ я перенес три операции, а в Штатах дважды испытал инсульт и четыре раза находился под анестезией по другим, в том числе и серьёзным поводам.

Впрочем, сейчас не об этом, а о том, на что намекает заголовок статьи: России, точнее тому, что от неё осталось, нужна срочная операция. Таблетки финансового исцеления, как и физиотерапия в виде каких-либо политических реформ уже не помогут. Прискорбно, но факт. Эту страну после семидесяти лет тяжелой болезни в девяностых принялись лечить шарлатаны, прикрывающиеся маской терапевтов, а не настоящие медики. – Б. Ельцин-то после двенадцати пополудни вообще не мог отличить настоящего диплома от фальшивки… Преступная халатность – назовём это как можно мягче – А. Чубайсов, А. Гайдаров, Г. Явлинских и всяких КГБшно-местечковых олигархов вроде М. Фридмана и О. Дерипаски, состоит вовсе не в том, что у них там «что-то не срослось» (…Россия – страна сложная и большая – так что не будем судьями-ханжами), – а в том, что за основу реформ была принята чисто дьявольская пропаганда о *неизбежности бандитской приватизации на первом этапе дикого капитализма*. И этот совершенно безосновательный довод был настырно и упрямо внедряем в страну Ф. Достоевского, П. Чайковского, И. Павлова, И. Мечникова и С. Королёва…

Короче, РФ может спасти только срочная операция, увы… зарубежных хирургов. Свои врачи просто не в состоянии что-либо исправить. К слову, напомню анекдот: когда Д. Медведев докладывал о борьбе с коррупцией и предложил учредить специальный правительственный комитет, один из слушающих наивно спросил: «А сколько, по-вашему, будет стоить место руководителя подобного комитета?» (!).

Переходя от анекдотов к реальности, заметим, что только западное деление страны на административные зоны управления – как в Германии после Второй мировой – сможет постепенно восстановить РФ как государство, а не как бандитско-пирамидальный базар, возглавляемый стукачом без чести и совести. Так примерно я рассуждал тридцать лет назад, и моё мнение, увы, не изменилось, хотя столько воды утекло с тех пор, как говорится! В этой связи напрашиваются вполне уместные для таких рассуждений вопросы:

(1) Что, разве присутствие англичан, американцев и французов с конца 40-х по конец 80-х XX-го века уничтожило немецкую культуру?..

(2) Разве приглашение варягов в IX-м веке (русских, кстати) принесло горе русской земле и застопорило развитие нации?.. (На этот счёт советую посмотреть фильм М. Задорного «Рюрик. Потерянная быль»).

В то время как отрицательные ответы на эти вопросы вполне очевидны, возникает парадокс: кремлёвские лидеры, теоретики «русского мира», так называемые политологи и тому подобные псевдоэксперты заостряют внимание не на вопросе *как*, а на вопросе *зачем*. Дескать, быстрые реформы, решительные меры, резкий приток инвестиций, наконец, хороши только для маленьких легкоконтролируемых государств; и то, что может принести успех, скажем, в Грузии или в Эстонии, окажется безрезультатным – если не сказать «плачевным» – для большой тяжелоуправляемой многонациональной России. Вот тут как раз мы сталкиваемся с типичным примером дьявольского слова, за которым, увы, ничего кроме кривды не стои́т. Представьте себе: Вам, например, говорят, что некая программа оздоровления может быть расчитана только на пять, максимум на 10 человек, а на 100 или 200 она расчитана быть не может по определению, ведь *100* или *200* – это… очень большое число. Но, позвольте, скажете Вы, если 10 человек смогут бросить пить и курить, начнут заниматься спортом и есть здоровую еду, почему 200 или даже 1000 человек не в силах сделать того же самого?!. В Грузии при М. Сакашвили были полностью заменены целые группы чиновников, включая полицию и прочие силовые структуры, – в результате в стране исчезли до этого прочно укоренившиеся взяточничество и грубость официальных лиц; это, в свою очередь, означало замену тысяч людей, что в процентном отношении к населению (пять миллионов) соответствовало бы российской замене десятков тысяч полицейских и чиновников (из 140 миллионов населения). Вот и всё… – «делов-то?!» Зато, как бы все вздохнули?! Последнее как раз и является ответом на вышеобозначенный вопрос «зачем (?)». Ведь человеку как существу развивающемуся, а значит, созидающему, необходимо не просто дышать, а дышать чистым воздухом, – чтоб не входить в регулярный стресс от мента с палкой в кустах, от бесконечной волокиты административных и медицинских чиновников, от прозрачных намёков учителей и членов приёмных вузовских комиссий… Короче, не будет новой России «до-то-го», как у людей появится возможность вздохнуть полной грудью.

Вопрос «как (?)» – непрост только в плане инициации процесса, а не касательно его практической реализации на основе принятых решений. Вспомним древний Великий Новгород. Тогда народное вече, то бишь прообраз современного парламента – правда, без ЕдРа, ЛДПР, КПРФ и прочих *заСР* – единогласно (или почти единогласно) проголосовало за приглашение Рюриков, которые хоть и жили до этого в *проклятой гейропе*, но всё же являлись родственниками Гостомысла. ...Германское же разделение на зоны иностранного влияния проходило диаметрально противоположным образом, как мы все знаем. Там никто никого ни о чём не спрашивал, но результат оказался ещё более положительным, чем в нашем первом примере: страна была полностью восстановлена в кратчайшие сроки, уровень жизни немцев превысил довоенный, и на сегодня, немцы живут лучше французов и культурнее многих американцев, а их национальное самознание и притягательность для иммиграции дадут фору тем же самым британцам... с их вечно туманным Альбионом. О роли СССР я тут специально не упоминаю, ибо речь идёт о создании, а не о разрушении...

Итак, для российской инициации новой нормальной государственности был бы реален только первый вариант. И, если правы «патриоты» вроде А. Дугина и Н. Старикова, М. Ходорковский был очень близок к такой ситуации в начале нулевых, когда «купленный» ради «супостатов» парламент должен был передать страну иностранцам. Второй, германский, вариант вряд ли реален с учётом ядерного оружия, имеющегося во власти психически неадекватных вождей РФ. К слову, даже смертельно раненное, лежащее, овощеобразное существо способно последним или случайным выстрелом убить, то есть уничтожить здорового и полного жизни героя, – вспомним, хотя бы дело Криса Кайла, прообраз героя фильма «Американский снайпер»... В любом случае, сколь бы утопической не представлялась моя идея, другого пути у России нет. Прогнило всё снизу доверху, включая некогда *наивное* образование и *совестливое* здравоохранение. Черви не могут избавить поедаемое ими тело от себя самих. Необходимо, чтобы кто-то, не находящийся хотя бы в бессознательном состоянии, вырезал бы всю эту гниль. А там, глядишь, начнётся выздоровление, и приглашённые хирурги окажутся... больше ненужными. Кстати, сменили же Романовы тех же Рюриковичей через несколько веков...

Говоря о реализации идеи иностранного управления, то есть о расстановке и рассредоточении соответствующих *хирургов*, представим себе следующие два примера:

Первый. США всемирно известна своей Силиконовой долиной, бостонскими и техасскими компьютерными компаниями. Поэтому, почему бы под административный патронаж этой страны не передать Новоссибирскую область с её Академгородком или, скажем, территорию Московской области с Обнинском? Великобритания и Норвегия давно и благополучно добывают нефть. Так, отдайте им Тюменскую, Мурманскую и другие нефтедобывающие области. Впрочем, я это заявляю весьма небрежно, с наскока, с кондачка, без оценки реальных деталей, и, разумеется, специалисты – экономисты, политики, финансисты, культурологи – собравшись и обсудив нюансы, смогли бы довольно быстро о подобном распределении договориться.

Второй. Представьте, что Вы швед – малый предприниматель, так сказать. ...Конкуренция, неподъёмные налоги и прочие экономические заморочки. И вдруг Вам говорят: поезжай в административно подконтрольную нам Костромскую область. Там почти нет конкуренции. Три года без налогов. А власть полностью гарантирует неприкосновенность твоих инвестиций... ...Поверьте, не только подобные шведы сделают райскую конфетку из этой самой Костромской области, многие из них ещё и обрусеют, женятся на привлекательных и легко доступных русских женщинах и в результате дадут начало новым поколениям нормальных людей. Вспомните, например, петербуржца Альфреда Нобеля, который был привезён в Россию своими полуразорившимися родителями.

Короче, понятно, о чём идет речь в вышеприведённых примерах. Здесь существенно, прежде всего, то, что, невзирая на свои духовно-личностные недостатки – особенно по мнению наших доморощенных патриотов, – эти самые «пиндосы», «англикозы» и «свеи» однозначно не потерпят бытового хамства, повсеместного взяточничества, административного маразма, проституции и бандитизма своих собственных дочерей и сыновей. И в этом видится главная задача на пути спасения тех, кто сегодня проживает на территории РФ.

И наконец, последний, но едва ли не самый главный вопрос: как, прикажете поступить с теми, кто властвует сегодня: лубянкою, госдураками, бандитами и кобзонами, комсомольцами-олигархами и прочими назначенно-выбранными в местные законодательные собрания и администрации?

Во-первых, я бы арестовал все их средства, находящиеся за пределами России – хотя бы в пользу будущих иностранных администраций на территории РФ. Тут, кстати, налицо ещё одна утка, пущенная в свое время СВРовской/ФСБшной пропагандой: дескать, российские и иностранные интересы так переплетены, что то или иное ущемление российских амбиций неизбежно приведет к кризису западной экономической системы. Чушь это, если вспомнить о том, что всякие Г. Тимченко, А. Роттенберги, В. Брынцаловы и прочие Р. Абрамовичи имеют строго определённые, пусть и не всегда именные счета, на которые им переводятся деньги, причём немалые. Так вот, если затормозить эти исключительно личные средства, разве это затронет финансовые интересы их партнёров? А если и затронет, то только на благо западного мира, ибо тогда Лубянка вынуждена будет приостановить столь привычное и милое её сердцу (точнее тому, что *стучит* внутри…) финансирование всяких разрушающих западную систему проектов – типа экологической борьбы против добычи сланцевой нефти, – осуществляемых, как правило, через представительства российских фирм и совместных предприятий со смешанным капиталом.

Выключенных из игры таким образом деятелей, – а они справедливо могут считаться либо ворами, незаконно прихватизировавших государственную собственность, либо их наследниками, незаконно этой самой приобретённой собственностью пользующихся, – я бы посоветовал отправить на работу в области приисков, шахт, лесоповала, где им построят отдельные комфортабельные дома (никакого ГУЛага ни в коем случае!). Пусть работают и получают заслуженное на благо отчизны. К слову, было бы хорошо, если подобными областями управляли бы немцы. Они бы точно обеспечили там порядок и законопослушание. …А что, представьте на миг такую картину:

…Отквалывали (как рабы на галерах…) В. Путин с Г. Тимченко свою смену на прииске, наловили то бишь золота, которое раньше им Газпром давал на халяву, – возвращаются домой и по пути заходят в винный магазин. А там за прилавком стоит В. Гундяев, бывший патриарх Кирилл, и каждого, кто покупает сладкое марочное вино с сигаретами заодно, он крестит и приговаривает: «Спаси, Господи»… А покупатели ему целуют за это пухленькие ручки, зажимая только что купленную бутылку – как ранее оппозицию – между ног… При подобном раскладе И. Яровая с В. Милоновым, например, работали бы воспитателями в интернате для слабоумных; В. Жириновский благополучно клоунствовал бы в местном цирке – его коронный номер заключался бы в выходе *к барьеру* и выплескивании кефира в очередную весьма неправедную физиономию справедливоросса. И. Кобзон пел бы в местном клубе, вспоминая *мгновения* того самого предпринимательского бандитизма 90-х и жалея, что думал он о них, увы, *свысока*. К. Эрнст, О. Добродеев и В. Кулистиков проводили бы эксперименты по зомбированию в местном сумасшедшем доме, – а там, заметьте, было бы много больных – ведь вряд ли, например, В. Пехтин с А. Пушковыми пережили бы факт такого неожиданного звездеца ЕдРу и *всем иже с ним,* сохранив при этом ментальное здравие. К слову, если бы в таком поселении администрировали немцы, было бы крайне логичным выбрать того же В. Путина в качестве старосты, – он бы тогда, по крайней мере, оценил полезность свободных выборов… Ведь ВВП свободно владеет немецким. Кстати, вспомнив старое и обратившись к уже забытому опыту, он бы строчил доносы на своих коллег. Чем не польза от такого ссыльного?.. …Регулярно бы собиралась местная дума, где А. Кабаева с С. Хоркиной обсуждали бы последние сплетни и накладывали макияж, в то время как Г. Зюганов делал бы доклады, сравнивающие сталинский ГУЛаг с условиями нынешнего содержания ссыльных, а также о том, что проклятые империалисты незаслуженно пользуются готовой образованной рабочей силой…

Не правда ли, песня! Впрочем, пока что-то тяжело поётся… Больше напоминает «сны Веры Палны» или какую-нибудь утопию Томаса Мора или Кампанеллы, но никак не реальность близкого будущего. Завершая рассуждения о будущей судьбе нынешних властителей, позвольте предложить Вам несколько вопросов о предполагаемом будущем героев только-что отшумевшего фильма «Левиафан». Кстати, фильм я считаю весьма средненьким с художественной точки зрения, но он (как и А. Солженицын в своё время) обрёл неожиданную популярность в силу неадекватной реакции *кремлинов*. Итак, вопросы. – При этом заметьте, что перед Вами единственный случай во всей книге, когда предполагается не *Да/Нет*-ответ, а индивидуально окрашенный развернутый комментарий. Впрочем, писать, естественно, не обязательно. Просто подумайте.

1.

Как сложится судьба мэра?

В случае, если будет всё, как прежде/ в *Кремле* останется российская власть…	В случае, если *Кремлём* и его регионом будут управлять иностранцы…

2.

Как сложится судьба региона, показанного в фильме?

В случае, если будет всё, как прежде/ *в Кремле* останется российская власть…	В случае, если *Кремлём* и его регионом будут управлять иностранцы…

3.

Как сложатся судьбы Николая и его бывшего друга адвоката?

В случае, если будет всё, как прежде/ в *Кремле* останется российская власть…	В случае, если *Кремлём* и его регионом будут управлять иностранцы…

Иные мыслители, ведуны в том числе, предлагают – как правило, сердито глядя исподлобья, – в качестве панацеи возвращение к ведическим истокам русской расы. Хочу сразу отметить: вернуться не только к доледниковому периоду, но даже на одно поколение назад просто невозможно, как и невозможно повернуть время и индивидуально-специфические генетические взаимодействия (мутации ДНК и гаплогрупп) вспять. В этом, видимо, и заключалась, на мой непросвещённый взгляд, роковая и в итоге оказавшаяся преступной ошибка Третьего Рейха. – Люди тысячи раз перемешались, и поэтому часто очень сложно определить, в ком чего больше и в ком чего именно не достаёт. Например, можем мы сегодня возродить священные дубравы? – Нет. Можем мы себе позволить жить по шестнадцатиричной системе, совмещая работу и отдых в девятидневных неделях по шестнадцатичасовым суткам? – Навряд ли. Наконец, может ли наш повседневный рабочий ритм с его спешкой, порой с профессиональной запаркою, с неизбежностью работы для подавляющего числа женщин и, наконец, с доступной сегодня диетой соответствовать мироощущению древних славян? – Опять же, исключено. В этой связи сразу же бросаются в глаза явные поведенческие нестыковки в мудрых словах и конкретных пропагандистски ограниченных действиях родноверов-ведунов, – мы сознательно не вдаёмся в отличие классических родноверов от родноверов-инглингов.

Ну *во-первых*, говоря о всемирности, точнее вселенскости славяно-арийских вед, большинство руководящих ведунов ограничивает свой призыв Россией, Беларусью,Украиной и, в крайнем случае, Словакией, напрочь игнорируя многомиллионные аудитории арийцев, которые, по их же словам, всегда находились на более высоком, чем святорусы и расены, уровне развития. При этом, кстати, ни слова об абсолютно *кощеево-дьявольской* агрессии против славяно-арийской Украины… Более того, логичный в ведическом повествовании Сергей Стрижак защищает аннексию Крыма, почему-то не замечая, что многие центральные улицы Севастополя (во-многом исторически готского, то есть арийского города) носят украинские имена, и что адмирал Нахимов – не Нахимов вовсе, а Нахимченко… Или, может, соответствующие смотрящие из ФСБ желают слушать только определённые псевдорусско-патриотические сентенции?..

Во вторых, никто никогда не показывал оригиналов или сколько-нибудь убедительных копий древних документов, на которые сторонники славяно-арийских вед постоянно ссылаются. Тут хочу оговориться, что «Сага об инглингах» была написана за много веков до появления на свет А. Хиневича и А. Трехлебова, а Ю. Миролюбову незачем было просто так рисковать жизнью ради перевода табличек *Велесовой книги*. Тут очевидно, что основа сюжета сомнений не вызывает. Но если Вы, г-н Патер Дий, нашли в выломанной стене что-то действительно древнее, потрудитесь показать хотя бы кусочек. А то как-то неловко получается отстаивать Вашу правоту.

Третье, на первый взгляд к поступкам не относится, однако, если копнуть поглубже, форма и способ выражения своих верований – тоже своего рода поступок у того, кто публично выражает и оформляет свои высказывания. Может, и к сожалению, но человеческая психология так устроена, что гуманитарно-историческая информация должна в той или иной мере соответствовать внешнему виду говорящего, хотя бы не сводиться на нет этим самым внешним видом – иначе она плохо воспринимается. Вспомним: Тор с молотом – молодой силач-блондин; Зевс (Юпитер) – силач-красавец с благородным лицом, Леля или Венера (Афродита) – красотки с изысканными фигурами; Лада и Гера (Юнона) –

излучающие доброту статные дамы; Христос – смиренный, благородный страдалец и так далее. В то же время каждый отчетливо представит себе Гитлера как воплощение злобы и ораторской психопатии; А. Энштейна или И. Павлова олицетворением почтенной учёной мудрости. Список, одним словом, можно продолжить.

…Когда кто-то впервые видит г-на А. Хиневича-Патер Дия – особенно его выступления в нулевых годах – то невольно вздрагивает, так как предполагает, что перед ним не иначе как полухиппи-полуодержимый, от которого лучше держаться подальше. Тоже самое можно сказать о г-не А. Трехлебове-Ведагоре – недоброе что-то кроется в его глазах, причёске и самой манере объяснять. Короче, как говорится, народ вряд ли за такими потянется.

Обобщая все вышеперечисленные факторы, можно сделать однозначный вывод о несовместимости славяно-арийского ведического кода (с учётом как его содержания, так и формы его выражения) с современной фактурой, то есть с особенностями, привычками и подсознательной материальностью нынешнего мировосприятия.

В данном контексте не буду распространяться о потенциале русского православия. Его просто нет, – к слову, ни потенциала; ни, увы, православия… Эксперимент с христианизацией России полностью провален, что совершенно очевидно, и о чём уже много всего было сказано и написано, – послушайте, например, многочисленные интервью с А. Невзоровым. Кстати, некоторые лидеры РПЦ, например, протодиакон А. Кураев, по словам телеведущих, *шмонят* так – уж извините за низкий стиль, – что ведущим рядом просто невозможно находиться…

В итоге, как бы глубоко мы не погружались в народные верования, какие бы панацеи не стремились определить в уже имевшемся российском опыте, мы, будучи исторически припёртыми к стенке, вынуждены признать, что только представители западной цивилизации, причём разные её представители, отличающиеся уважением к закону, демонстрирующие веротерпимость и политическую корректность, могут хоть как-то положительно повлиять на российский народ в смысле постепенного восстановления элементарной человечности и хотя бы относительного порядка, не говоря уж об экономическом и научном развитии РФ.

О публицистическом переходе на личности

*Рамзан Кадыров заявил, что
если Гарри Каспаров перед ним
не извинится за слово «бандит»
(брошенное в адрес чеченского лидера),
то он Каспарова лично... зарежет.
Из одного оппозиционного блога.*

*Не бойся едких осуждений, но упоительных похвал.
Е. Баратынский*

...Ты что, мол, обзываешь людей с маху, раздавая всем нелицеприятные именования: И. Ильин с Л.Гумелёвым у тебя поверхностные философы, В. Путин – пахан, И. Сталин –убийца, а В. Ленин, например, – сифилитик. Умно ли вешать на признанных политических лидеров и прочих заметных мыслителей максималистские негативно-эмоциональные ярлыки?.. Ну что ж, на первый взгляд, вопрос представляется вполне резонным. Действительно, негативные высказывания ничего кроме негативных импульсов не несут, а это само по себе не хорошо для развития человека, – были же исследования, по результатам которых оказывалось, что добрые слова способствуют росту цветов, в то время как от злых слов бедняги вянут... Впрочем, если копнуть поглубже, то бишь серьёзно проанализировать разную публицистику, окажется, что так называемые погонялы, прикрепляемые к влиятельным и *судьбоопределяющим* фигурам, имеют одно специфическое качество: они не являются исчерпывающими именованиями-обобщениями характера той или иной личности, а лишь подчеркивают те их качества, которые соответствуют современной им и окружающей их эпохе. Рассмотрим примеры.

В. Путин любит заниматься спортом и много внимания уделяет своему здоровью, что, естественно, достойно всяческого уважения; однако, кличка «спортсмен», «лыжник» или, скажем, «здоровяк» к нему за пятнадцать лет так и не прилипла, – вместо подобных эпитетов ему иногда насмешливо прилепляют кличку «мачо», нарочито показушно демонстрирущего накаченное тело во время тщательно спланированного Лубянкой плаванья или катания верхом на лошади. Кроме всего прочего – и это самое главное в данном контексте – возглавляемая и представляемая им система совсем не ассоциируется ни со спортивной площадкой, ни со стадионом, ни тем более со здоровым образом жизни, являя собой, прежде всего, образец разбойничьи-вертикальной структуры, основанной на криминальном насилии и промывании мозгов ложью официальных СМИ. К слову, *восемнадцать* литров чистого спирта приходится на каждого россиянина в год, что составляет примерно сто двадцать четыре бутылки водки 0,7. (По мнению экспертов ВОЗ, *девять* литров в год являются смертельной дозой.) Вот и липнет к неудачнику-подполковнику КГБ кличка «пахан», ибо управляемая им страна является ничем иным, как «паханатом», а вовсе не цивилизованной страной со спортивно ориентированным населением. И действительно, разве общество РФ не организовано по принципу пирамиды, где каждый гражданин должен совершать правонарушения в строгом соответствии с полочкой, на которую положена его личность, – будь то взятка ГИБДДшнику скромным частником или, скажем, переправка части *взяточных* денег наверх ректором какого-нибудь университета.

Мало кто помнит, что у Ленина была кличка «Старик», а у Сталина – «Коба». Как-то не связано это с тем, что натворили эти, с позволения сказать, деятели в России первой половины прошлого века. Другие погоняла более частотны: «Сифилитик-Ульянов», «Рябой-Сталин». Дело тут в том, что Октябрьская революция связана с полной аморальщиной и половой распущенностью, когда многие люди действительно страдали сифилисом; Сталин же, будучи профессиональным преступником (точнее убийцей и грабителем), довольствовался криминальной погремухой «Рябой», в которой, по крайней мере, не указывался преступный характер его деятельности. Но и это слово, как, впрочем, и кличка Ленина «Картавый», не закрепилось в народном сознании, ибо дефекты кожи и речи – совсем не то, что идентифицирует большевистский переворот. Посмотрите, что стало наиболее частотным: Ленин – «сушёный», а Сталин – либо «убийца», либо «гениальный менеджер», – замечу, что когда я делаю подобные открытия, то серёзно начинаю верить в высшие силы. Обратите внимание: не вполне научно-нейтральное «мумия», а презрительно-снисходительное «сушёный»… – символ бесовско-большевистской умершей власти, лежащий в мавзолее… с дьявольской претензией на вечность… …Противники и защитники

Сталина называют его соответственно либо убийцей, либо гениальным менеджером, имея в виду, с одной стороны, массовые убийства и ГУЛаги; а с другой стороны, индустриальный бум, организованный, правда, за счёт миллионов смертей от голодомора. – Как известно, большинство великих строек первых пятилеток были спроектированы американцами (Магнитка и Сталинградский тракторный, например) или немцами (Днепрогэс), за которые Совдепия расплачивалась зерном, отнятым у оставшихся помирать от голода украинских, волжских и казахских крестьян… Вот и кличут Рябого либо «убийцей» (ибо никто, даже Гитлер, столько не убивал), либо «гениальным менеджером» (ибо никто не проводил индустриализацию такими быстрыми темпами).

…Ну если с политическими фигурами всё вроде бы ясно – на то она и публицистика, чтобы патетически клеймить, обнажать, призывать и бороться словом, – как можно объяснить некорректные экивоки в адрес талантливых философов и учёных, – уж они то, кажется, не при делах в публицистическом контексте?.. Когда углубляешься в работы русских философов последних полутора веков, невольно создаётся впечатление, что они как будто куда-то торопятся, срезая вполне видимые углы. В этой связи скажите на милость: разве последние два века не отличались спешкой и желанием куда-то как можно скорее успеть, – то ли на пути научно-технической революции, то ли на стезе предназначенных для немедленного внедрения политических реформ, то ли, наконец, при всенародных скачка́х с целью срочного построения коммунизма?! При этом к любому из цитируемых философов наверняка можно было бы подобрать и немало лестных эпитетов – типа *умный, добрый, прозорливый, вдумчивый* и тому подобные восхваления. Но с философско-политической точки зрения данный век характеризовался отнюдь не умом и добротой, а скорее поспешностью и очевидной поверхностностью. Вот и напрашивается вполне публицистический переход на личности с называнием-обзыванием мыслителей *поверхностными*.

Явным контрастом публицистически обставленным кличкам выступают криминальные погремухи-погонялы. Так, уважаемого за рассудительность авторитета зовут *профессором* совсем не потому, что он защитил соответствующие диссертации и представляет какой-либо профессорско-преподавательский состав определенного академического учреждения. Другого зэка кличут *лисом* совсем не в связи с тем, что он каким-то образом связан с лесной фауной, а ввиду его ощущаемой всеми хитрости. При этом никая дополнительная интерпретация не допустима. Нельзя, например, сказать «умный…» или «глупый профессор», как и «сильный…» или «слабый лис». *Профессор* – и всё тут; *лис* – и никаких больше комментариев не принимается… Криминальный мир, оказывается, более прям и одозначен, чем мир публицистический, где переход на личности, как правило, подразумевает оценку соответствующего политического антуража.

Продолжая анализировать соответствующие закономерности, вдруг обнаруживаешь, что представители «обычных» профессий, как правило, ни с какими публицистически обусловленными и феней объясняемыми погонялами не связаны. Как, впрочем, и с самой пропагандой, которая как будто оставила их в покое. Здесь имеются в виду врачи, слесари, строители, учителя, грузчики, инженеры и представители других «конкретных» профессий, с которыми принято соотносить понятие «low profile», то есть не привлекающие внимания и лишний раз не высовывающиеся люди. Ну где Вы услышите «слесарь-убийца», «поверхностный врач» или «шут-инженер», как «шут-Хрущёв», например? Конечно, разозлённые школьники могут прилепить какой-либо ярлык к раззадорившему их учителю, но подобное явление, как правило, ограничивается узкой социальной группой, за рамки которой кличка не выходит. К тому же она обычно скоро забывается самими же *обзывателями*, перешедшими в старший класс. Короче говоря, дьявол как будто игнорирует тех, кто что-либо конкретно производит – будь то продукт или услуга – в рамках установленного Богом (или богами) земного порядка, акцентируя своё пропагандистское внимание исключительно на тех, кто является политической, философской, криминальной и прочей надстройкой человечества.

❖ Из опубликованных работ

В деле распространения здравых мыслей без того не обойтись,
чтобы кто-нибудь паскудой не назвал.
М. Салтыков-Щедрин

Я не червонец, чтобы всем нравиться.
И. Бунин

Вступительный комментарий

Когда я перечитываю опубликованные мной статьи и стихи (как известно, *чукча* – не только писатель, но и читатель), я вдруг прихожу к ошеломляющему выводу: неизбранным, отверженным, критикуемым, и не подлежащим редакторскому рассмотрению оказывается то, что не соответствует, а тем более противоречит, официальной кремлёвской пропаганде. Например, когда я включился в обсуждение «Манифеста критического реализма» России, то есть *пропагандистской* декларации так называемой российской литературы, – тут же был произведён в члены редколегии журнала Академии Литературы России с последующей высылкой мне красного, *КГБшнообра́зного*, удостоверения. (Мол, глядите, и в Америке профессора русского происхождения нас поддерживают.) Когда же я отказался писать статью в защиту убийцы-Сталина в честь очередного юбилея «гениального менеджера», меня тут же, как говорится, разжаловали и исключили из редколегии… Подобных примеров я мог бы привести немало, но самым главным при печатаньи в России остаётся, пожалуй, самодавлеющее чувство осторожности, – ведь и ежу понятно, что ничего, перечащего кремлёвской политике, иными словами, властной пропаганде никогда не будет опубликовано. (…Подпись: «*ёж понятливый*».)

Но это всё, как говорится, внешняя и всеми различимая черта пропаганды, но есть ещё и другая, скрытая от посторонних глаз, та самая «черта» (похоже, не правда ли, на слово «чёрт?»), которую люди даже в упор предпочитают не видеть, хотя натыкаются на неё постоянно. Итак, сколько раз в жизни каждый из нас рассуждает таким образом: «…А зачем мне об этом говорить и писать, – ведь всё по этому поводу уже много раз сказано и написано. – К тому же это так сиюминутно и скучно!?». Или: «Чего ради я буду выступать, – что, мои слова разве что-нибудь изменят?». Таким образом, мы предпочитаем не спорить с пропагандой, открывая ей широкую дорогу для торжественного и совершенно беспрепятственного продвижения лжи в сердца землян. Вот представьте-ка на минутку, что я или кто-то другой, тридцать лет назад подробно бы описал, о чём в электричке мы многократно беседовали с одним из руководителей нынешней России. Смею заверить, что наши тогдашние мечты существенно отличались от сегодняшней официальной пропаганды, развёрнутой, в том числе... тем самым человеком, который впоследствии стал одним из высших чинов криминального государства под названием Российская Федерация. Но никто ничего не записывал, никто ничего не запечатлевал, не фиксировал, как и никто не оставлял никаких документов о кухонных разговорах-мечтах только-только *просыпающихся* жителей совка... В итоге большинство из нас смотрит на новую современную пропаганду как баран на новые ворота, совершенно не понимая того, что вокруг происходит (прежде всего, в сравнении с тем, о чём мы когда-то мечтали), но зато свято веря в квасной патриотизм, еврейско-греческое православие и устремлённый подбородком и зрачками в одну точку чекизм.

Возвращаясь же к российским публикациям, хотелось бы отметить моё всегдашнее искреннее стремление к просвещению, точнее просветлению читателей, – если хотите, к их раззомбированию с единственным стремлением помочь людям думать и трактовать факты, какими они предстают в действительности. В этой связи, я хотел бы поблагодарить (хотя и не называть, ибо только «чёрт с путинскими хозяевами» знают, что может со временем случиться) три издательства Российской Федерации, допустившие мои публицистические и не вполне соответствующие – а иногда и явно противоречащие – официальной пропаганде публикации.

Комментарии к *Манифесту Нового критического реализма* российской академии литературы

(сокращённый вариант статьи из журнала *Приокские зори, 4, 2011, с 225-230*)

Выражая искреннее уважение авторам манифеста, сразу же подчеркну, что мои примечания ни в коей мере не должны рассматриваться как настойчивые, и, как говорится, только Вам, основателям и вдохновителям журнала, судить, что следует учесть, а без чего вполне можно обойтись.

Позвольте, однако – как говорят чукчи в анекдотах, – сделать несколько комментариев.

Разложив перед собой энциклопедические толкования критического реализма, я бы хотел подчеркнуть двойную природу основополагающего понятия: *реализм* состоит из двух притивоположных начал (как Вы справедливо заметили со ссылкой на Гегеля), где борются демонические и божественные силы с целью уничтожить (то есть «расчеловечить») или усовершенствовать человека. В этой связи задачей критического реализма может являтся борьба с теми явлениями, которые уничтожают человеческую природу, равно как и восхваление (в качестве сравнительного фона) тех полезных качеств и привычек, которые ведут к укреплению духовности в частности и личности в целом. Рассуждая на данную тему, хочу подчеркнуть, что духовные качества человека всегда оставались незыблемыми на протяжении всех известных нам веков и цивилизаций: страх, любовь, совесть, чувство долга, желание отомстить, похоть и другие являлись одним и тем же ощущением на протяжении тысячелетий, невзирая на материальный прогресс. Человек убегал от мамонта так же стремительно, как от танка или от взрывной волны атомной бомбы, причём с той же скоростью, то есть максимально возможной, забывая при этом начисто о своей культурно-национальной идентичности. Поэтому с этой точки зрения российская литература критического реализма не может не отражать той общецивилизационной всевременной и общекультурной (если хотите) гуманистической преемственности, которая, грубо говоря, передавалась по исторической эстафете от Гомера Аристофану, потом Шекспиру, Пушкину и далее Тагору, Горькому и прочим современным Хемингуэям с Пелевиными и Улицкими. В то же время я готов полностью с Вами согласится относительно прибавления слова «новый» к словосочетанию «критический реализм». Дело в том, что, во-первых, термин *критический реализм* настолько был укоренён в советской литературоведческой пропаганде, что волей-неволей просится соответствующее определение со словом «новый»; во-вторых, учитывая такое толкование понятия *новый критический реализм*, предлагаю внести следующие коррективы в текст манифеста:

1. *В первоначальном варианте*:
Онтологическая сущность метода критического реализма заключается в социобиологически обусловленном устремлении человека разумного ... к социально-ориентированному сообществу, любой формы: от семьи («ячейки общества») до государства...

Моё предложение (*исправления и/или дополнения подчёркнуты*):
Онтологическая сущность метода критического реализма заключается в социобиологически обусловленном устремлении человека разумного ... к социально-ориентированному сообществу, <u>потенциально способствующему усоверширнствованию его личности (как совокупности духовных и физических качеств)</u>: от семьи до государства...

2. *В первоначальном варианте*:
...Данное устремление является идеалом, то есть недостижимой целью, как, например, идеальное государство Платона, утопии Мора, Кампанеллы, Кабо и пр.: это означает, что сам процесс названного устремления является перманентным, не имеющим останова – естественного или директивного – до того времени, пока творческое самовыражение будет востребовано человечеством. При этом следует учитывать, что в будущем формы такого самовыражения могут значительно отличаться от современных, традиционных. ...Из всех видов непатологического и/или предельно неформализованного («Всякая идея, доведенная до совершенства, есть абсурд»,– Б. Шоу) творческого самовыражения именно литературное творчество, в силу своей

специфики воздействия на сознание и подсознание человека, является наиболее адекваннным цели и задачам феномена критического реализма.

Моё предложение:

Полностью убрать тезисы, следующие под четвёртым и пятым «ромбиками» (*Данное устремление… и Из всех видов…*)[1]
Примечание: Это очень хорошие фразы сами по себе, но какое отношение всё это имеет именно к критическому реализму, а не, скажем, к экзистенциализму или научной фантастике?!

3. *В первоначальном варианте*:

Творческий метод критического реализма в русской литературе является исторически и в современной действенности составной частью мирового, прежде всего, европейского, опыта данного феномена, в то же время обладая своей, только ему присущей, спецификой.

Моё примечание:

(*Комментарий, содержащий вопрос.*) Вы пишете: …*русской* литературе (а не *российской* литературе), а далее, в последующем изложении следует ссылка на *византийское православие*. Тогда, позвольте: с чем соотносить специфику украинской, белорусской, грузинской, армянской и молдавской литератур, которые тоже исповедовали византийское православие и были при этом частями Российской империи, а позже – СССР? Речь здесь, прежде всего, о том, что само понятие «специфика» подразумевает уникальность принадлежности того или иного явления, иными словами, если это присуще только России, то этого нет и не может быть у Украины, Грузии и у других наций. Например, в чём специфика тигриной шкуры? Говоря о её полосах, мы ведь подсознательно предполагем уникальность тигриного окраса, непохожего на шкуру других *кошачьих* (львов, пантер и прочих ягуаров с гепардами и читами).

---

1 В предлагаемом для комментирования «Манифесте…» перед началом всех тезисов стояли ромбики. Они здесь, естественно, не воспроизводятся, хотя легко понять, о чём речь.

окраса, непохожего на шкуру других *кошачьих* (львов, пантер и прочих ягуаров с гепардами и читами).

Продолжая комментировать данный пункт, замечу, что если у Вас хватит терпения дочитать мои философствования до конца, то Вы увидите, каким именно я вижу «ромбик» о специфике русского критического реализма. А философствования эти, как и упомянутый окончательный вывод к ним, связаны со следующими четырьмя понятиями: (1) византийское православие, (2) идолопоклонство, (3) общинность и (4) социальная ориентация СССР. Итак, по порядку. Уникальность и специфика России (а не Бельгии и Франции, скажем) заключаются как раз в том, что христианство здесь не только не вытравило идолопоклонства, а наоборот сосуществовало с таковым параллельно, явно уступая последнему в сердцах людей. В этой связи позвольте порекомендовать Вам обратиться к ведущим фольклористам России (например к д-ру Михаилу Алексеевскому), которые расскажут Вам о том, сколько неприкрытого язычества присутствует до сих пор в нашей повседневной жизни: от рассадки членов семьи на кухне до троекратного сплёвывания при виде чёрной кошки. А разве в той же русской литературе не упоминались лешие и кикиморы, и разве наши классики не писали о домовых, заговорах болезней и подобных вещах? Вспомним Пушкина, который (аж в XIX-м веке!.. то есть почти через десять веков после принятия православия) писал: *Татьяна верила преданьям простонародной старины… таинственно ей все предметы провозглашали что-нибудь, предчувствия теснили грудь…* Что сделали *россияне* (как говаривал *царь Борис*) в 1922-м? Вместо «идола-Богородицы» в красном углу повесили портрет Ленина и назвали красный угол красным уголком. Общинность – это, если пристально взглянуть, и есть лучшая почва для идолопоклонства. Ведь кто такой идол? Это незаслуженно обожествлённое лицо или явление, возвышающееся над определённым сообществом людей и якобы покровительствующее ему. Итак, если Вы член общины, значит, Вы вынужденны быть её частью (из-за климата, суровых условий, целей коллективной обороны), и это значит, что Вы равный среди тех, над кем есть *идол-начальник* (староста, смотрящий, воевода, целовальник, атаман, барин, помещик, комиссар, вор в законе), которого Вы обязаны превозносить и постоянно беспрекословно слушаться, иначе не выживите. С подобным *общинно-идолопоклонническим устройством* и боролся русский классический критический реализм.

Переходя напоследок к собственно византийскому православию (с его явно *неправославными* арианством, несторианством, монофизитством, монофилитством и иконоборчеством), оставлю в стороне ряд напрашивающихся негативных ссылок на беспримерную жестокость византийцев (изобретение многих орудий пыток), распущенность нравов (взять хотя бы Евдокию, которая трижды изгоняла патриарха Иоанна Златоуста), повальный алкоголизм и интриганство, а приведу лишь один пример. – Когда Мехмет II захватил Константинополь в 1453-ем году, он собрал местных олигархов и спросил: «Господа, что же вы на ваши несметные сокровища не наняли наёмников, чтобы преградить мне путь в Ваш город? – А мы берегли все наши деньги для тебя, – ответили "православные" олигархи». Тогда Мехмет II приказал всем им отрубить головы… Уверен, что вышеприведённый пример «византийского православия» – мягко говоря, несродни ни русскому классическому, ни новому критическому реализму (как-то не вяжется вышесказанное ни с творчеством Ф. Достоевского, ни с *Поднятой целиной* М. Шолохова). И последнее: категорически не соглашусь с мнением о социальной ориентации СССР. И дело здесь не столько в ГУЛаге и Сталине, сколько в объективных статитстических данных, однозначно свидетельствующих о деградации и вымирании общества (то есть социума). Одним словам, идеологическая декларация отнюдь не трансформировалась в реальность.

Заключая сказанное, следует признать, что *новый критический реализм* как раз и призван бороться, с одной стороны, со стадным инстинктом, идолопоклонством; и с другой стороны, с византийской чванливостью, псевдотеологической демагогией, интриганством, коварством и жестокостью, которые в разное время были привнесены в русскую жизнь и явно до сих пор прямо или косвенно способствуют деградации русской личности.

4. *В первоначальном варианте*:
Спецификой русского критического реализма, обусловленной относительной молодостью отечественной литературы, общинной традицией мироустройства русской жизни, врождённой – генофонотипически – идеологией византийского православия, дополненного опытом социально ориентированного государства СССР является абсолютное неприятие

частнособственничества, стяжательства и накопительства, примат коллективизма, вера народа в верховную власть при полярном же неверии власти исполнительной. Это выражено в формуле русского фольклора: «Царь-батюшка дал народу жалованную грамоту, но бояре её украли и спрятали».

Моё предложение (*исправления и/или дополнения подчёркнуты*): Спецификой русского (оставляем всё как есть)… отечественной литературы, традицией (убираем слово: *общинной*) мироустройства русской жизни, является выявление, описание и обличение <u>общественных и личных пороков, включая</u> неприятие стяжательства и накопительства, <u>а также любого</u> частнособственничества, <u>направленного исключительно на личное обогащение и карьеризм,</u> примат коллективизма, вера народа в верховную власть <u>при ярко выражаемом недоверии к низшим и средним звеньям</u> власти исполнительной. Предлагаю также убрать ссылки на (1) *грамоту царя-батюшки и… бояр.* (Во многих произведениях русского классического критического реализма этого мотива просто нет.); (2) *«абсолютное неприятие частнособственничества»,* – любой иностранный дока-литературовед скажет Вам, что ни в классической, ни в современной русской литературе нет прямого неприятия самого института частной собственности. Другое дело, что критикуются пороки определенных частных собственников, но отнюдь не сама экономическая категория. Кстати, почти все представители классического критического реализма России XIX-начала XX веков были ярко выраженными частными собственниками, чем отнюдь не гнушались. (3) Сейчас, а также в различные периоды прошлого (хотя и не во все), *высшие звенья исполнительной и законодательной власти* представляли собой по сути одно и то же. Поэтому и внесено соответствующее указание на <u>низшие и средние звенья исполнительной власти,</u> а не на всю *исполнительную власть* вообще. В связи со сказанным, предлагаю также убрать следующий фрагмент: *… учитывая социальную ориентированность СССР .*

5. *В первоначальном варианте:*
В последние два десятилетия с момента разрушения (не распада! – это фактологически неверно) СССР в русской, российской литературе наблюдается «разноцветье» творческих методов, в том числе и неконструктивного критического реализма.

Моё предложение:

Говоря о Советском Союзе, имеет смысл затронуть и широко обсуждаемый факт его весьма печального конца. Невзирая на достаточно часто встречающуюся в российских СМИ полемику относительно терминов *разрушение, развал* и *распад (СССР)*, хочу отметить неразрывное семантическое сходство этих понятий. Ведь, распасться может только то, что (1) разрушали (неважно изнутри или снаружи) или (2) само по себе разрушалось. То есть процесс *разрушения* – это физическая причина *распада*, а *распад* – это в любом случае результат процесса *разрушения* в той или иной его форме. Короче, «что в лоб, что по лбу» – эффект одинаковый. Если в Манифесте будет употреблено только одно (любое!) из этих слов, то документ будет выглядеть глаже, без явно ощутимого заочного спора с кем-то тайно несогласным с предлагаемыми доводами. Таким образом, предлагаю написать: ...*с момента разрушения* (или *распада* – всё равно) *СССР в русской, российской литературе наблюдается разноцветье творческих методов.* Предлагаю убрать строчки относительно *неконструктивного* критического реализма. Согласитесь, что это звучит слишком оценочно и эмоционально. К тому же литературоведческое определение критического реализма (а значит, и нового критического реализма) не подразумевает какой-либо особенной (точно измеряемой) степени конструктивности.

6. *В первоначальном варианте:*

На нынешнем активно и экспоненциально усиливающимся этапе изменения биохимической оболочки Земли, то есть переходе биосферы в ноосферу (по теории В. Вернадского), справедливым всё же оказался тезис Маркса об одновременности перехода всего земного сообщества к единому, социально ориентированному, мировому государственному образованию через достаточно жёсткий и жестокий процесс глобализации, у истоков которой мы сейчас находимся.

Моё предложение:

Не вдаваясь в политическую, а тем более в научно-теоретическую полемику относительно прозорливости Карла Маркса и Владимира Вернадского, отмечу только то, что широко известно даже неучам: мозг самого талантливого человека развит максимум на десять процентов своего потенциала. Поэтому не стоит слишком доверять глобальным прогнозам философов и учёных – не сочтите за обиду, Алексей Афанасьевич[1]. Ведь смотрите, что всегда и всюду происходило: теория, признаваемая конечной и единственно верной, вдруг в одночасье становилась изжитой и ненужной. Великой, например, считалась теория эволюции Дарвина… до открытия ДНК Уотсоном, а открытие последнего вдруг поблекло после обнаружения волнового генома. А разве примеры открытий Исаака Ньютона и Карла Линнея не свидетельсрвуют в пользу того же? Сотни учёных и философов XIX-XX-го веков считали, что вселенная неизменна, а Э. Хаббл вдруг доказал, что она расширяется. Кстати, А. Энштейн потом говорил, что он тоже так же думал, но боялся об этом открыто заявить, ибо все вокруг были материалистами…Учёные и философы имеют дело, как правило, с материальным, которое постоянно изменяется в сознании под напором новых открытий и более окрепших мозгов. В то же время искусство и литература отражают вечное и неизменное – сиречь духовный мир – и потому по определению не могут обусловливаться какими-бы то ни было научно-философскими теориями, политическими приоритетами и/или симпатиями, и прочими конкретными материальными явлениями, ощущаемыми в определённый период времени. Поэтому, в частности, предлагаю убрать нижеприведенные ссылки на *исчерпанность классического критического реализма на рубеже XX-го и XXI-го веков, а также эквивоки в адрес К. Маркса и В. Вернадского*: Вообще, признаем, что любое явление, обозначаемое термином, оканчивающимся на *«изм»* и *«ция»* требует

---

1 Алексей Афанасьевич Яшин – главный редактор *Приокских зорь* – всемирно признанный ученый, исследователь биофизики полей и излучений, специалист в области биоинформатики, электродинамики и информатики живых систем, почётный профессор ряда уважаемых верситетов – очень толковый человек, но, к сожалению… с тщательно промытыми мозгами.

дополнительного уточнения. Например, в СССР для членов Политбюро был полный и настоящий *коммунизм*, где все мыслимые и немыслимые блага лились полным потоком; простой же народ жил при самом настоящем *рабовладельческом* строе, где любого человека можно было заставить трудиться бесплатно, психологически сломать и, наконец, попросту убить (ссылки на описание ГУЛага у А. Солженицина, В. Шаламова и В. Аксенова). При этом взаимоотношения федеральных и региональных властей были чисто *феодальными*, а теневая экономика являла собой яркий пример дикого *капитализма*. Поверьте, я это знаю не только по книгам…[1] Аналогичная логика применима и к термину *глобализация* (см. далее)…

7. *В первоначальном варианте*:

…объектом конструктивной критики нового литературного критического реализма являются процессы глобализации, включая государственную (национальную) их специфику.

Моё предложение (*исправления и/или дополнения подчёркнуты*):

…объектом конструктивной критики нового литературного критического реализма являются <u>те разрушительные</u> процессы глобализации, <u>которые наносят ущерб</u> национальной специфике *<u>отдельных культур.</u>* …Говоря проще, *имеет место быть* как «глобализация добрых начал», так и «разрушительная глобализация». Тут дела обстоят так же как и с Интернетом: хочешь, отождествляй его с порнографией; хочешь – с доступом ко всем новостям; а хочешь – с веб-сайтами про святых мучеников и той же высокой литературой.

В силу вышесказанного задачей современного российского критического реализма должна являтся не борьба против глобализации вообще (как таковой) или же потакание ей как одному целому, а критика разрушительных явлений глобализации при

---

1 Автору этой книги довелось руководить региональными отделениями транснациональных корпораций, работавших в России, регулярно встречаясь при этом с правительственными чиновниками и так называемыми бизнесменами.

отстаивании её добрых начал. Ну кому, скажите на милость, будет претить глобализация немецкой аккуратности, японского патриотизма, славянского гостеприимства или английского дружелюбия; и кто дерзнёт защищать глобализацию полпотовской жестокости, африканской распущенности и всепроникающей постсоветской коррупции?

8. *В первоначальном варианте*:
Поскольку в эпоху глобализации отсутствует «сравнительная база» национальных литератур…

Моё предложение (*изменение подчёркнуто*):
«Поскольку в эпоху глобализации <u>может</u> отсутствовать «сравнительная база» национальных литератур…

9. *В первоначальном варианте*:
Сама методология нового критического реализма… зиждется на сохранении в реальном временном процессе человека ноосферного средствами литературы – художественной и публицистической – тех черт человека личного, общественного и творческого, которые противостоят расчеловечиванию, то есть превращению человека в нивелированный винтик глобального механизма ноосферы Земли.

Моё предложение:
После …*сохранении тех черт человека*… опустить слова: *личного, общественного и творческого*. Предлагаю также убрать ссылки на *ноосферного человека*. Мол, кто может с уверенностью предвосхитить сколь-нибудь существенные изменения в духовном мире ноосферного человека будущего? – а также, имеет смысл не говорить о *реальном временном процессе* (любой жизненный процесс происходит в реальном времени), и о *литературе с публицистикой*. – Понятно, что речь идёт не о сельском хозяйстве или о космонавтике.

Культурологические размышления

(об отсутствии интереса к изучению русской культуры за пределами территории, именуемой Российской Федерацией; Сокращенный вариант статьи из журнала *Интеллигент 1(5), 2013, с. 14-15)*

> *Тот факт, что Писториус, инвалид-олимпиец,*
> *пристрелил свою подругу вовсе не означает,*
> *что все южно-африканцы хорошо бегают на протезах*
> *и время от времени постреливают моделей.*

Позвольте начать с весьма сногсшибательных констатаций – последнее слово, кстати, нерусское и довольно неблагозвучное, но другое, увы, здесь навряд ли подойдёт. Я пишу эту статью аж в Вашингтоне с тем, что она будет опубликована в самой что ни на есть Костомукше. Не фантастика ли? А к этому стоит добавить ещё и то, что соответствующая электронная почта (из Вашингтона в Костомукшу и обратно) займет лишь одну десятую секунды!.. Ровно такое же время, или чуть большее, занял бы у любого землянина выход на веб-страничку о культуре практически любого живущего на земле народа. Загуглишь какую-нибудь Нигерию поисковиком, и вот тебе Йоруба, базар в Ибадане, Вуду и все соответствующие маски (не к ночи будь помянуты!). Поэтому отговорка двадцатилетней давности, что, дескать, эта страна так далеко, что о ней трудно что-либо узнать, воспринимается не иначе как со смехом. Тут циник подметит: «А зачем нам узнавать о какой-то иностранной культуре – мы ведь все – прагматики?.. – Лукавите, батенька», – ответим мы в очередной раз, вновь ссылаясь на того, на кого, пожалуй, больше всего ссылались в XX-м веке. – Изучение иных культур столь же неотделимо от человеческой натуры, как и жажда есть, пить и вступать в близкие отношения. Неслучайно, в самой прагматичной стране мира (США) *абстрактно-отвлечённые* телевизионные каналы History, National Geographic, Discovery, Sci-Fi и USA имеют несравнимо более высокий рейтинг, чем иные сугубо прагматичные программы. В чём же первопричина такой алогичной, на первый взгляд, неотделимости? Наверное, в трёх факторах, которые понятны абсолютно всем, живущим на нашей планете, независимо от специфики чьих-то идеологических убеждений и эмоциональных привязанностей. *Першинг* (то есть *во-первых*, как говорят на языке *падонкаф*), из школьной программы мы все твердо уяснили, что происходим из степей Причерноморья (читай: нынешняя РФ), откуда и распостранились в современные «Британии, Европы, Азии, Америки, Австралии, Индии» и другие края. *Во-вторых* – тут, увы, не приходят на ум   жаргонные эквиваленты, – за какие-то шестьдесят-восемьдесят лет земного существования любому землянину весьма охота узнать, а для чего он здесь, как родился-появился, каково будущее его души во вселенной. Слава богу, мода на дарвинизм и прочие варианты недоразвитого материализма уже прошла. И *в-третьих*, наш культурологический корень более всего разросся именно на территории так называемой России, то есть постсоветского пространства, – вспомним, например, Тартарии с тысячелетиями дохристианской письменности, а также Российскую империю с её высочайшим уровнем духовной культуры. В итоге, если я благополучный американец и волей Бога отношусь к образованной части живущего ныне человечества, я рано или поздно задамся вопросом: а почему именно Россия(?), почему такая обширная территиория(?) – в чём здесь смысл? Естественно, культурология такой страны призвана стать для меня едва ли не самым главным моим интересом и предметом самой искренней озабоченности, независимо от того, где я живу, на каком языке говорю, во что верю и сколько зарабатываю. Тут, будучи лингвистом, я не могу воздержаться от прославления ёмкости и всеохватной значимости самого термина «культурология». Напомню, что введённое в употребление известным антропологом Лесли Уайтом – кстати, американцем и при этом совсем не сотрудником ЦРУ, как полагают некоторые *патриоты*   России, – это понятие объединяет данные философии, истории, психологии, антропологии, языкознания, этнографии, религии, социологии и искусствоведения. В итоге, акцентируя своё пространное вступительное философствование именно на термине «культурология», заключу размышления следующим выводом: в то время как гуманитарные (то есть *абстактно-отвлечённые*) медийные, школьные и университетские программы США всецело посвящены различным аспектам планетарной культурологии, информация о России, как об исторически и традиционно самой большой административно упорядоченной территории Земли, практически отсутствует.

Чтобы не выглядеть голословным, приведу пример полного отсутствия какого-либо интереса к российской культурологии. Отмечу при этом, что я бы мог привести десятки подобных примеров, ибо в разное время и с разными целями изучал «русские» программы университетов и различных учебных центров США, а также в течение последних десяти лет участвовал во многих научно-методических конференциях по данному вопросу. Итак, вот на что я наткнулся, открыв на днях веб-страницу Университета Мэрилэнда (приводится в виде единой картинки, чтобы не было сомнения в целостности оригинала).

Breakdown of Students That Completed the Russian Studies Program. The table below lists the number of students that have completed the russian studies program at the <u>University of Maryland - College Park</u> for the 2010-2011 academic year.

Overall

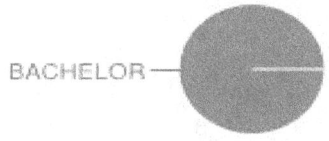

	Total
All Students	3

By Gender

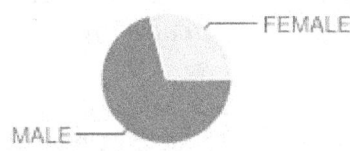

	Total
Male	2
Female	1

By Race

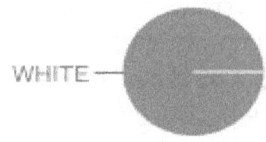

	Total
American Indian	-
Black	-
Asian	-
Hispanic	-
White	2
Unknown	-

Констатация столь же проста, сколь и печальна: за *прошлый* учебный год курсы по русской культурологии посетили аж… 3 (!) человека, – что включает в себя и обучение языку, и истории, и культуре. Посмотрите, насколько дотошно описывается половой и расовый составы данной, с позволения сказать, группы. Слово «печальна» – пожалуй, самое мягкое из всех, которые я мог бы подобрать. Ведь University of Maryland, College Park, расположенный практически в Вашингтоне, является едва ли не самым уважаемым и престижным центром изучения языков, а значит, в определённой степени, и культурологии. По крайней мере, именно там многие мои коллеги получали профессиональную сертификацию тестера русского языка ACTFL (то есть *Американской ассоциации преподавания иностранных языков*).

Подобная непопулярность *русских программ* – позвольте для краткости их в дальнейшем так и называть – соседствует с обыкновенным головотяпством и невнимательностью, а проще говоря, непрофессионализмом организаторов. Например, вчера я вышел на сайт Джорджтаунского Университета (из Лиги плюща – одного из самых престижных в мире) и увидел там объявление о регистрации на лекцию под названием: «Росийская внешняя политика: Новое и Старое» Вход, кстати, бесплатный. Вот, как это выглядело. Не обращайте внимания на количество записавшихся – мы об этом уже говорили…

Russian Foreign Policy: The New and the Old
SFS Center for Eurasian, Russian and East European Studies
Thursday, April 11, 2013 at 12:00 PM (EDT)

Я зарегистрировался следующим образом:
Фамилия: *Дзержинский*
Имя: *Феликс* (*железный*, однако, – подумал я)
Электронная почта: *Лубянка.Вашингтон@msn.com*
Всё по-английски, разумеется. Прошло как по-маслу, и на экране тут же появилось поздравление с успешной регистрацией, а также уведомление о том, что дополнительное подтверждение будет послано на данное мною *мыло*. Позвольте воздержаться от каких-либо комментариев, ибо сказано в Писании: «Не суди и не судим будешь…».

Позволю себе и дальше помусолить эту ситуацию, поскольку в ней есть один очень важный момент, никоим образом не связанный с моей шуткой. Уже после того как я благополучно зарегистрировался, в квадратике количества зарегистрированных по-прежнему значилась… единица. В связи с этим давайте мысленно перенесёмся в общежития Джорджтауна, где студенты, хоть и из богатых семей, – всё-таки студенты, которым вечно и по определению не хватает денег. Итак, некий *Джон Смит* просыпается после вчерашней пьянки-гулянки и думает, как бы сегодня спокойно и интеллектуально отдохнуть. При этом крайне желательно, чтоб отдых был наименее накладным – уж больно много потратил вчера. Открывает компьютер и видит анонсы: бесплатные дневные лекции (1) о танцах Попуа Новой Гвинеи; (2) о традициях северного Таиланда; (3) о современной внешней политике России; (4) об истории революций во Франции. Ура, дополнительные очки для желанного кредита (*зачёта*, по-нашему), – думает Джон, притом, в двух шагах от общежития и бесплатно. Естественно, *внешняя политика России* звучит несравнимо актуальнее всех остальных тем, и Джон Смит спешит именно на эту регистрационную страничку. Но… бах… только один человек записался. Значит, я буду вторым (читай: одиночкой-идиотом, которому нечего делать). А давай-ка, посмотрим про танцы Папуа, – думает Джон. О, там 12 человек! Давай-ка лучше я зарегистрируюсь там… Вот пример того, как убивается тяга к российской культурологии. (А она, как правило, проявляется подспудно и оказывается не до конца осознанной.)

Касательно всего сказанного невольно возникнет вопрос о месте и роли *Интеллигента,* который уже благополучно зарегистрирован в Библиотеке Конгресса. Дело в том, что рано или поздно какой-нибудь влиятельный читатель возьмёт этот журнал в руки с одной не до конца, может быть, осознаваемой целью: найти в нём то, чего недостаёт современным русским программам в Америке. Найдёт он подобное – будет этот журнал распропагандирован в университетах и государственных организациях, и пойдёт он тогда гулять по дорогим магазинам и библиотекам, принося прибыль и славу его издателям; не найдёт – тогда *пичалька,* как говорят уже упомянутые *падонки.* Поэтому я позволю себе по порядку перечислить соответствующие культурологические проблемы, делая выводы-пожелания *Интеллигенту.*

Первое. Абсолютное большинство университетских программ по литературе (а) посвящены изучению тех языковых и культурологических явлений, которых давно уже просто нет; (б) все произведения рассматриваются изолированно от исторических и культурных вазаимосвязей российской цивилизации, с опорой на сугубо личные (а не на общественно-доминантные) представления самого лектора. Прежде, чем перейти к конкретным примерам, позвольте пожелать «Интеллигенту» печатать только то, что либо соответствует актуальной реальности последних лет, либо посвящено типологическим основам общества, обусловившим преемственность традиций, привычек и поведенческих клише.

Итак, чтобы несколько разбавить излишнюю мудрёность сказанного, рассмотрим два конкретных примера: начнём со списка произведений, предлагаемых для курса номер 270-000 отделения русских и восточно-азиатских языков одного из ведущих университетов США (кажется, «Эмори», – веб-страничка резко исчезла, и я позже не смог найти того, что сохранил у себя на компьютере, – впрочем, это не столь уж и важно).

Required Textbooks, Articles, and Resources
1. Lincoln, W. Bruce. *The Romanovs: Autocrats of All the Russians.* **ISBN:** 978082643081.

2. Pushkin, Alexander. *Tales of the Late Ivan Petrovich Belkin, The Queen of Spades, The Captain's Daughter, Peter the Great's Balckamoor.*
   ISBN: 9780199538652.
3. Gogol, Nikolay. *Dead Souls.*
   ISBN: 978067977644.
4. Magarshack, David. *The Best Short Stories of Fyodor Dostoevsky.*
   ISBN: 9780357576887.
5. Turgenev, Ivan. *First Love and Other Stories.*
   ISBN: 9781148789002.
6. Berlin, Isaah. *Russian Thinkers.*
   ISBN: 9780141442204.
7. Tolstoy, Leo. *Father Sergius.*
   ISBN: 9781604501636.
8. Zoschenko, Mikhail. *The Nervous People and Other Satires.*
   ISBN: 9780812968774.
9. Figes, Orlando. *The Whisperers: Private Life in Stalin's Russia.*
   ISBN: 9780312428037.
10. Akunin, Boris. *The Winter Queen.*
    ISBN: 9780812968774.

Тут даже не вооруженному инструментами перевода глазу видно, что российская культура ассоциируется здесь с А. Пушкиным, И. Тургеневым и прочими Романовыми, а также со вполне современным Б. Акуниным, который, правда, пишет на темы… XIX-го столетия. При этом, заметьте, речь идёт не о литературоведах, историках и будущих архивистах, а о начинающих студентах, которые с трудом припомнят пару известных русских имён, едва отличая блины от пирожков.

Всех этих авторов я люблю и ценю. К слову, было время, когда я заучивал М. Зощенко наизусть и даже декламировал его рассказы со сцены. Но, господа хорошие, всё это написано языком, на котором теперь никто не говорит, и всё это отражает эпизоды общения («коммуникативные ситуации», – выражаясь
по-научному), которые ныне не случаются, а потому любой искренне желающий познакомится с Россией только запутается, стараясь наложить подобную литературу на современную российскую действительность. И самое главное здесь, пожалуй, то, что вышеуказанное мало интересно русским иммигрантам –основной аудитории читателей русскоязычных журналов, которые всем этим

регулярно объедались и в детстве, и в отрочестве, и особенно в юности, – чай, до сих пор *горько*. В этой связи никогда не забуду того, как за $1 я купил на Брайтон Бич четырёхтомник Александра Меня. Продавец был неподдельно рад, что умную-серьёзную литературу удалось, наконец, сбагрить, – в русских книжных магазинах покупали только дешёвые детективы, и замешанную на скандалах жёлтую хронику.

Перейдём далее к «поздравлению с «Днём Железнодорожника», то бишь ко всеми любимой, почитаемой и уже набившей изрядную оскомину «Анне Карениной». Вот уже сколько лет выходят на экраны и становятся предметом детального языкового анализа американские версии «Анны Карениной». Вряд ли найдется мало-мальски приличная кафедра славянской литературы, где бы данное произведение не мусолили. Но если спросить многочисленных зрителей, сравнительно могочисленных слушателей и совсем немногочисленных читателей о связи описываемого там с предшествующей и с последующей историей и культурой России, встретишь только вопрошающие и непонимающие взгляды. Роман *Анна Каренина* преподаётся и воспринимается исключительно как индивидуально-авторское национально не окрашенное повествование о моральный борениях несчастной героини, сделанное писателем-иконой, не подлежащим какой-либо критике. Когда же предлагаешь следующую логическую цепочку, на лицах появляется полное недоумение:

«...*Домострой* → *Православные заповеди и семейные ценности* → *Неприятие обществом супружеской измены – изменщица либо бросается под поезд, либо как Катерина в Грозе «сдаёт нормы ГТО по плаванью»* → *Аморальщина побеждает в начале XX-го века* → *Революция, кровь, предложение об обобществлении женщин – грубый феминизм* → *ГУЛаг/Берия, снимающий приглянувшихся особ прям среди бела дня в центре Москвы* → *Популяризация проституции в постсоветской России* → *Выход замуж за обеспеченных иностранцев через интернет и специальные агенства/поиск богатых новых русских в ресторанах Рублёвки...»*. И тут вдруг становятся понятны и все другие культурологические факторы, так или иначе сопряжённые с Анной Карениной: анафема Льву Толстому от православной церкви за издевательства над христианской моралью, его приятельские отношения с В. Лениным, его собственный разгульный образ жизни, столь типичный для российских и позже советских офицеров и, наконец, даже недавний роман о Льве Толстом Виктора Пелевина. Таким образом – позволю себе повториться, – не сами явления в своей изолированности, а связь и преемственность различных культурологических ссылок заинтересуют сегодняшнего русскоязычного читателя в США. А их здесь миллионы. И, кроме всего прочего, И. Тургенева с А. Пушкиным они уже давно, как правило, прочитали.

Второе. Известно, что интерес к национальной культурологии (во всех её проявлениях), как правило, пропорционален знанию соответствующего иностранного языка. Ситуация с изучением русского языка в США, надо сказать, весьма и весьма грустная. Кстати, подобное наблюдение применимо и к языковому обучению вообще, – мол, зачем учить иностранные языки, когда даже деревенский пастух в какой-нибудь Иордании может легко объясниться по-английски. Опять же, прерывая свои комментарии, порекомендую «Интеллигенту» включать в свои выпуски занимательную страничку русского языка, например: «новые слова/фразы русского языка», «современные популярные жаргонизмы», «эмоциональная нагрузка ругательств» и тому подобные лингвистические *завлекухи*. Отвечая на вопрос «зачем(?)», представим три потенциальные группы Ваших читателей: (а) владеющие русским языком американцы русского происхождения; (б) иммигранты из СССР и постсоветских государств (а уезжает сейчас, к слову, примерно столько же, сколько во время революции 1917-го года) и, (в) наконец, американские специалисты, чья работа предполагает профессиональное владение русским языком. Итак, *первые* по определению не знают новшеств наследованного языка и, будучи русскими, хотели бы, естественно, о них узнать; мотивация *вторых* состоит в том, что многие из них смотрят русские телевизионные программы, в которых то и дело проскальзывают только-только появившиеся разговорные формы и жаргонизмы; представители *третьей* группы всё больше осознают, что их учили, мягко говоря, не тому, и что на языке XIX-го-XX-го веков (то есть на языке А. Пушкина, И. Тургенева и даже Б. Пастернака) теперь мало кто говорит. Поэтому, если хочешь преуспеть на работе, срочно познавай современный русский язык. Всё это рекомендуется, естественно, с учётом того, что Ваше издание зарегистрированно в Библиотеке Конгресса, а значит любой желающий может с ним ознакомится, чтобы потом регулярно заказывать.

Возвращаясь к своим комментариям по нынешней языковой ситуации в США, отмечу, что любому русскоязычному изданию следует, прежде всего, ориентироваться на первые две упомянутые группы, а именно на «а» и «б». Коренные американцы всё хуже и хуже говорят по-русски. Тут наиболее значимыми представляются три факта:

Во-первых, из шкалы ACTFL (Американской ассоциации преподавания иностранных языков) убраны – по крайней мере, из всех тренировочно-семинарских буклетов и инструкций – два верхних уровня, которые как раз и удостоверяют владение языком, достаточное для восприятия культурологии, – дескать, для чего нужны эти уровни, когда всё равно при нынешних университетских программах их никто не в силах достичь... Кстати, в августе 2011 года приказала долго жить и ассоциация CDLC, как раз и занимающаяся высшими уровнями владения иностранными языками в США.

Во-вторых, обращает на себя внимание специфическая логика местных директоров школ, *сермяжно* поведанная на одной из научно-методических конференций: «А зачем мне вводить в школьное обучение иностранный язык? Ведь всё равно же, занимаясь лишь два раза в неделю, дети не достигнут сколь-нибудь значимого результата. Лучше пусть изучают что-нибудь другое, что даст немедленный зримый результат». И, наконец, для переводческой и иной деятельности, предполагающей свободное владение русским языком, всё чаще привлекаются русские иммигранты или граждане России, Россия, ведь теперь якобы друг (?!), а друзей опасаться нечего...

Третье примечание касается иммигрантских семей, где дети не говорят по-русски, но потенциально могли бы заинтересоваться русскими культурологическими аналогами американской культуры. Ведь, в конце концов, мы все происходим от одного общего корня. Таким образом, если бы я выпускал «Интеллигент-Нью Иорк» или, например, какой-нибудь «Интеллигент-Кливленд», я бы отвёл определённое место для странички аналогов праздников, традиций, обычаев, одежды, кухни, игр и тому подобных тем. Если какие-то из статей, ссылок, даже анекдотов были бы на английском языке, это, на мой взгляд, обязательно привлекло бы внимание англоязычной молодёжи русского происхождения.

Четвёртое наблюдение касается российских атташе по культуре, Международной книги, Русского Дома, Russia Today и прочих людей в погонах (!..), отвечающих за «литературно-идеологическое» влияние России в США. Дескать, куда нам соваться, когда кругом доминируют именно названные «товарищи» (…как подметил один *гусь* в разговоре с одной *свиньёй*)? Здесь очень важно отметить фактор, никоим образом не связанный с оценкой деятельности и ориентации соответствующих структур: любая пропаганда неизбежно уязвима: *во-первых,* потому, что подразумевает выпячивание и проталкивание тех сторон, которые приказано выпячивать и проталкивать начальством, но которые не обязательно интересуют читателя; и *во-вторых*, деятельность государственных и прочих ангажированных структур всегда связана с галочками, планами, и медлительностью сотрудников. – Мол, зачем мне добиваться распространения «Современника» в десять библиотек (а не только в пять), – ведь тогда мой план на следующий год увеличится? Я уж не говорю о тех громких скандалах, с которыми связана деятельность названных организаций. Вспомним хотя бы недавний прокол «Международной книги» на последней книжной ярмарке в Нью-Йорке. Так что конкуренция со стороны государственных российских организаций в США «Интеллигенту» вряд ли грозит.

Пятое соотносится с тем, что уже есть на полках американских библиотек, и почему оно – уже имеющееся – не способствует интересу к культурологии России, что мы старались проиллюстрировать в начале статьи? Я, например, недавно проштудировал ряд толстых русскоязычных журналов в Библиотеке Сиэттла. Позвольте не называть каждый из них (помните «Кавказскую пленницу»(?): «Мы не скажем, где эта история произошла, чтобы не обидеть других…»). Давайте наложим, то бишь перенесём, содержание этих журналов на американскую почву и зададимся вопросом: «А было бы Вам интересно об этом читать?». Один из патриотических журналов (назовём его так) пишет о подвиге русского солдата во время Первой мировой войны. Вопрос Вам: «А было бы Вам интересно читать о том, как один из выходцев Мичигана подстрелил двух мексиканцев во время битвы Alamo?». …Другой журнал, весьма либеральный, помещает повесть о том, как сейчас плохо, и какие кругом гады-бандиты? Скажите на милость, а Вам интересно было бы читать о том, что в штате Орегон в одной поселковой администрации засели жулики, вымогавшие взятку за разрешение на строительство моста? К сожалению, многие российские редакторы глубоко уверены, что вся их псевдопатриотическая нудотина, как, впрочем, и оппозиционное нытьё, неизбежно заинтересует представителей другой культуры.

В итоге напрашивается вывод: журнал станет востребованным и популярным в США, только если он будет выражать насущные чаянья людей, в той или иной степени владеющих русским языком:

1. Обрисовывать современные явления жизни, – не только обозначать проявления русской культуры, но и показывать её преемственность, а также взаимосвязь её отдельных признаков.

2. Знакомить читателя с самыми современными формами русского языка.

3. Как можно чаще прибегать к сравнительному анализу русской и американской культур.

Разумеется, под *текучий камень вода не лежит* (как мы перевирали известную поговорку в школьные годы). Поэтому, построив журнал соответствующим образом, издатель смог бы реально расчитывать на большой успех, рекламируя журнал по разным библиотекам и университетам (причём бесплатно и со ссылкой на Библиотеку Конгресса). Следуя логике «проклятого капитализма», за нынешним экономическим спадом неизбежно наступит подъём, и здешние библиотеки рано или поздно начнут покупать, а не требовать подарка.

В заключение я вот о чём подумал: сегодня любой автор – как никогда свободен и неуязвим. Короче, слава интернету, бесконечной возможности разностороннего культурологического образования и широчайшего, никем не контролируемого распространения! Можно ли было всё это представить лет пятнадцать-двадцать назад? Одним словом, вспомните восьмидесятые и девяностые… и усмехнитесь! А также… пророните скупую мужскую слезу относительно того, что те же пятнадцать-двадцать лет назад Россией интересовались несравнимо больше, чем теперь. Что ж, будем надеяться на лучшее с Божией и «Интеллигента» помощью.

Стихи без цензуры

(Uncensored poetry. Вступительная статья к одноимённому сборнику.
Amazon edition. Charleston, SC. 2015)

Смысл данной книги состоит в воссоздании правды, которая упорно и, надо признать, успешно ретушируется уже набившими всему миру оскомину кремлёвскими властями с их культурными центрами, засланными казачками-баптистами и прочими агентами влияния, которых в США хоть пруд пруди. Ну скажите на милость, разве уважаемые профессора-либералы говорят когда-нибудь о садистских пытках в правоохранительных органах России, о том, что православная церковь торгует сигаретами и вином; наконец, о полной безнаказанности сильных мира сего, убивающих детей и беременных женщин… на встречной полосе? Уж не будем упоминать всеобщую беспредельную коррупцию, армейскую и чиновничью дедовщину, геометрически прогрессирующую наркозависимость и восемь разводов на каждые десять браков. И дело тут вовсе не в крикливо-оппозиционной реакции на свинцовые мерзости жизни, присущие любому обществу (как любят заявлять иные прокремлёвские деятели), а в поиске ответа на следующий весьма «судьбоносный» (как говаривал М. Горбачёв) *альтернативно-риторический* вопрос: является ли очевидный крах российской цивилизации закономерным, а значит, приемлемым этапом планетарной эволюции, или катастрофа может быть остановлена решительным вмешательством извне? Ответ за живущими сегодня людьми, то есть в том числе и за Вами, читатель.

На этих страницах Вы не найдёте ни лирической красивости и приподнятости романтических чувств, ни эстетского любования провинциальными и университетскими пейзажами, ни берущих за душу религиозных пассажей, принесших автору популярность во всех тех многочисленных уголках нашей грешной Земли, где вынуждены обитать русские люди. Кстати, само заглавие книги звучит явно не по-русски. Ну где Вы, читатель, видели хотя бы несколько критических стихотворений на русском языке на политические темы, опубликованных без цензуры? А тем более на территории самой России, точнее на той территории, которая сегодня почему-то так зовётся (?). Ладно бы пару стихотворений как-то пропустили – а тут более полусотни… Вообще, цензура – это неотъемлемый компонент литературного процесса России. Когда-то эта цензура была царской и церковной (когда преследовали волхвов, старообрядцев, А. Курбского и А. Радищева), затем советской и классовой (вспомним Й. Бродского, Б. Пастернака, ленинградскую «Звезду» и *кухонного* В. Высоцкого), а теперь полушёпотом говорят о так называемых «офицерах действующего резерва» безопасности и иных гласных и негласных спецслужбистах, без подписи которых не выходит ни одна мало-мальски значимая телепрограмма и не выпускается ни одна сколь-нибудь заметная газета. Что поделать? – Не терпели, не терпят и вряд ли будут терпеть российские цари и царьки какую-либо критику их права устанавливать свои порядки в рамках той или иной идеологии.

Здесь уместно подчеркнуть, что освоение культуры страны изучаемого языка отнюдь не обязательно мотивированно какими-либо специфическими политическими взглядами. Так, знакомясь с литературой Велиикобритании, мы увлекаемся В. Шекспиром совсем не потому, что искренне любим модель средневековой английской монархии; Гомера мы чтим отнюдь не из-за особого пристрастия к древнегреческому социальному устройству. В то же время творчество великих неотделимо от той самой сермяжной повседневной жизненной правды, без которой литературный талант не реализуем по определению. Можно ли представить себе А. Пушкина или, скажем, В. Гюго, пишущих о современном им обществе сплошную неправду в угоду государственной цензуре? Навряд ли. При этом мотивом к изучению А. Пушкина и В. Гюго будет их литературный гений, а отнюдь не внутренняя политика России и Франции XIX века.

Возвращаясь к книге, хочу подчеркнуть вполне объяснимое чувство гордости по поводу выхода этих стихов. Дело в том, что из сотен, если не тысяч, по-настоящему талантливых русскоязычных авторов, почти никто не имеет возможности публиковать правду! Смешно подметить, но ни одно из русскоязычных изданий (включая толстые журналы) в России и за рубежом такой роскоши и не нюхало, как говорится. У меня же такая возможность есть. Спасибо, Америка! И да здравствуют русские (не чекистская шпана, и не сторонники криминального авторитета по кличке *Рябой*, то есть *Сталин*)!

Неизбранное

(из предисловия к одноименной книге. Союз писателей,
Новокузнецк, 2014)

Обычно продвигают, рекламируют и рекомендуют почитать *избранное* – дескать, это, если и не лучшее у автора, то, по крайней мере, нечто вполне достойное внимания читателя. Налицо, одним словом, *«ООО»* (т. е. **о**тобранное, **о**тредактированное, **о**добренное). Мы же, как говаривал приснопамятный вождь мирового пролетариата, «пойдём другим путём». Предлагаем Вашему уважаемому читательскому вниманию как раз то, что было *не избранно,* то бишь отвергнуто, зарублено на корню, ни в коем случае не напечатано уважаемыми изданиями – а печатали нас обильно и часто во многих странах, включая, конечно же, и Россию.

Впрочем, у слова «неизбранное» имеется ещё одно, очень важное значение. Задумывались ли, Вы, уважаемый читатель, о том, что избранное – это, как правило, лучшее, особенное, из ряда вон выходящее, а значит, нетипичное? Типичное – это как раз «неизбранное», не отборное, рядовое, повседневное, обычное, часто повторяющееся, характерное для многих, а потому особо ценное с точки зрения обобщенного культурологического анализа, иными словами, для определения закономерностей социоисторического среза. Таким образом, как истые охотники литературы, мы пытаемся одним выстрелом сразить сразу двух зайцев: *заяц номер один*: довести до читателя неопубликованное; *заяц номер два*: познакомить читателя с явлениями, типичными для нашего поколения. Ну, а наколько, подходящ, густ и разнообразен лес, где водятся эти зайцы, – и вообще, лес это или просто кустарник, – судить Вам.

Как правило, стихам, живописи, музыке и другим вольным искусствам свойственна одна удивительная вещь. Популярность произведений, а точнее готовность третьих лиц их принимать, публиковать и распространять определяется простой, я бы даже сказал, примитивной формулой, где константа *успеха* (а значит, и *известности*) равняется сумме двух переменных: *ремесленное умение* плюс *пропаганда* (или «маркетинг», как теперь принято выражаться). Посмотрите, как в XIX-XX веках распропагандировали того же М. Лермонтова, хотя его *ремесленное умение* ничуть не превышало поэтических способностей многих его братьев по перу, например, Е.

Баратынского. А вот Б. Пастернака особенно в начале его творческого пути никто в упор не замечал, и в итоге, чтобы быть опубликованным, ему пришлось самому оплатить первое издание своих произведений. Вспомним, например, умершего в нищете Ван Гога или, к слову, не закончившего практически ни одного «своего» великого произведения М. Мусоргского; наконец, канувших в неизвестность некогда признанных советских авторитетов литературы и искусства, – и картина будет ясна.

Причём, мало того, что никто из людей не в силах профессионально точно определить литературные преимущества В. Шекспира над Г. Байроном, или, скажем, Н. Некрасова над А. Блоком, – многие из известных нам поэтических гениев просто не были бы приняты в Московский литературный институт, так как их *ремесленные умения* не соответствуют принятым там канонам позии. Кстати, на этот счёт были проведены специальные литературоведческие исследования, в ходе которых сравнивалась, в частности, поэтика С Есенина, А. Пушкина и В. Высоцкого с соответствующими требованиями *тамошних* теоретиков и преподавателей.

Короче, *избранное* или *неизбранное* – по большому счёту, неважно. Важно то, что если таким образом размышляю, наблюдаю и анализирую я, это автоматически подразумевает наличие точно таких же мыслей в сознании других людей, живущих на Земле в то же самое время. А вдруг, и вправду, спустя много лет, кто-то прочтёт эти стихи и скажет: *вот ведь, оказывается, о чём наши предки размышляли. Причём в рифму, а значит, скорее всего, искренно!*

❖ Из переписки с редакторами русскоязычных литературных журналов

Наши лучшие слова – интонации.
Марина Цветаева

Большинство людей в разговорах отвечают не на чужие суждения, а на собственные мысли.
Франсуа де Ларошфуко

Вступительная заметка

В первую очередь, искренне признателен тем редакторам –замечу, немногим, – кто предпочитает переписываться или хотя бы отвечать на письменные запросы и предложения потенциальных авторов. И дело тут вовсе не в редакторском желании предстать в правильном свете перед негласно прочитывающими *всё и вся* чекистскими цензорами, громко и показушно защищая ложно-пропагандистские постулаты кремлёвских СМИ, а в том, что эти высокопоставленные люди не растеряли навыков общения, не до конца *забронзовели* (как говорит В. Шендерович) и готовы тратить своё отнюдь не бесконечное время на весьма нелицеприятную полемику. Честь им и хвала за это!

Не правда ли любопытно, что редакторский (как и *признанно-писательский*) корпус всегда выступал в авангарде пропаганды, являясь идеологизированным ситом идей, через которое могли просочиться только следующие в фарватере, обозначенным властью? Вспомните, например, как грозно и безапелляционно редакторы советских журналов клеймили А. Ахматову, М. Зощенко, Б. Пастернака, и Й. Бродского; как сегодняшние патриоты от пера клеймят Грузию и Украину, печатая пошлые сентенции о так называемой войне в Чечне, пятой колонне, Степане Бандере и других противниках Кремля. Проблема, а точнее правда, состоит в том, что А. Ахматову, М. Зощенко, Б. Пастернака, Й. Бродского в мире знают, а вот, тех, кто является или являлся главным редактором всяких толстых журналов, вряд ли, кто припомнит. – А. Фадеева, может, только – и то бедолага так заврался с «Молодой Гвардией», что по недавнему *рассказу-показу* официальных российских СМИ вынужден был застрелиться!..

Впрочем, как это ни парадоксально звучит, я, американский профессор, – перед кем, казалось бы, должны быть распахнуты все мыслимые двери свободы слова, – искренне завидую… вышеназванным советским репрессированным талантам. Ведь чем больше антисоветских ярлыков навешивали на них в совке, тем надежнее представлялась многотиражная публикация в русскоязычном издательстве где-нибудь в Европе или в Америке. Сегодня же ни один «Континент», ни одна «Чайка», и тем более ни одна «Интерпоэзия», выходящая за рубежом, не опубликуют того, кто выступает против того же В. Путина, или того, кто замахнулся на ФСБшный *Русский Мир*, не говоря уже о ФСБшной РПЦ. Идеями тут и не пахнет, как говорится. Просто зарубежные русскоязычные издатели предпочитают (а) не навлекать гнев кремлёвских властей, (б) печатать того, кого выгодно по шкурно-материальным интересам и (в) не связываться с политикой, точнее с её негативной составляющей, ориентированной на констатацию краха цивилизации на территории бывшей России. Повторю банальное затрёпанное утверждение о том, что факты – упрямая вещь. Где, например, сегодняшние аналоги А. Солжепицина и В. Шаламова. Что разве тюрьмы нынешнего ФСИНа (Федеральной *службы исполнения наказаний*) стали менее жестокими, чем во времена ГУЛага? Или там больше не пытают, не калечат, не издеваются над заключёнными? К слову, даже изучающие Россию на высоком профессиональном уровне, как правило, ничего не слышали о ФСИНе, в то время как ГУЛаг – «родное» для всех понятие. Почему авторы не обращаются к вновь обострившимся постсоветским тюремным темам массовых избиений, вымогательства, голодовок и вскрытия вен зеками? Да просто потому, что подобные произведения никогда и никто не напечатает ни в РФ, ни в русскоязычных изданиях за границей. Кстати, подобное характерно и для других культур. Где, например, новые Салманы Рушди? Что, разве исламский терроризм стал мягче? – Ха… Просто стоит только критически прикоснуться к данной теме, как тут же либо поднимается страшный вой – причём на правительственном уровне, – либо осмелевшего автора просто зарежут средь бела дня, и никакая голландская или датская полиция, как говорится, не поспешит спасать.

Переходя от литературно-политических комментариев к так называемой *духовности*, которой всегда бравировали русские литературно-художественные периодические издания, хотел бы порассуждать вот над каким примером. Представьте себе молодого человека из глубинки (скажем, из Орловской области или Красноярского края), пишущего талантливо, хоть и шероховато, который по совету окружающих, то бишь родственников, друзей, местных книголюбов и учителей литературы, отваживается послать свои произведения в какое-нибудь «Знамя» или, например, в «Урал». Проходит три месяца… шесть… наконец, год – никакого ответа. Что в итоге подумает несчастный автор? – Одно из двух, как правило: либо: ах Вы… мать Вашу! – речь идёт, таким образом, об озлобленности, которая сама по себе не является продуктивным чувством, служащим развитию духовности, – скажем так; либо у автора наступает отчаянье от мнимой бесталанности… опущенные руки и в итоге раненая душа, что тоже, мягко говоря, развитию духовности не способствует, ведь после такого безответного молчания бедолага может запросто перестать стремиться к стихотворным посевам разумного, доброго, вечного. С другой стороны, даже если присланные литературные опусы и не являются вполне зрелыми, редколлегия всегда в состоянии вежливо ответить, что, мол, нам Ваши произведения не подходят по тематике, хотя они и, бесспорно, хороши. Такая весточка вдохновит соискателя публикации, он станет больше сочинять и посылать в разные журналы, а там, глядишь, публикации и известность – не за горами. Не у всех, конечно, но именно так (и только так) могут *появиться и засветиться* новые Пушкины и Шекспиры, взращённые также, как взращивают впоследствии всемирно известных спортсменов, актёров, учёных и политиканов, – то есть на основе детального изучения, поощрения и вдохновления самого широкого круга потенциальных звёзд.

Впрочем, нужны какие-то новые звёзды дьяволу с его пропагандой? – Конечно же, нет. Ведь звездой духовности, должен быть только он один, и поэтому редакторы молчат, потенциальные звёзды спиваются, а дьявол торжествует. Несчастному же соискателю остается только уцепиться за иллюзорную и потому реально не существующую помощь и… гордо пропеть: «…с нами Бог и Андреевский флаг!»

Размышления о том, почему *фашисты, жиды, геи* и *пиндосы* прижились в современной кремлёвской пропаганде

(из переписки с одним главным редактором русскоязычного литературного журнала)

Кремлёвская пропаганда, надо признать, добилась внушительных успехов в мирное время. Посмотрите, Буш-младший увидел в глазах амёбного КГБшного стукача друга (?!); наследница рода Романовых чуть ли в любви не призналась подполковнику с рыбьими глазами, чьи кумиры, кстати, растреливали её предков; со стерхами так называемый президент летал, Берлускони задарил, тигрицу гладил, Шредера замаксал, королеву Великобритании очаровал, и в журнале «Time» был провозглашён человеком года. Кто после этого осмелиться заявить, что в Краснознамённой академии имени великодушного добряка-Андропова плохо учат психологии?.. Но, к сожалению, для московских властей пропагандистские дела обстоят исключительно дурно, когда речь идёт о российском подстрекательстве к межнациональным конфликтам и тем более о росиийской агрессии. Так было и с советским вторжением в Афганистан, и при агрессии против Грузии, и, конечно же, при недавней политическо-бандитской наглости в отношении Украины.

Надо сказать, что современные путинские пропагандисты в конфликтных ситуациях – как бы это помягче(?) – умны только для людей с ими же промываемыми мозгами. Имея доктора Геббельса своим негласным наставником – мол, лги больше, чтоб поверили, – они явно не дотягивают до нацистского авторитета, хотя бы просто потому, что Геббельс всё-таки был доктором, а эти, с позволения сказать: *долбо…* – впрочем, мат, кажется, запрещён…

Итак, М. Саакашвили, П. Порошенко и прочих борцов за отделение от бандитского паханата, именуемого (почему-то…) «Россией», прокремлёвские СМИ и прочие псевдопатриотичные кликуши именуют «фашистами»… Тут требуется маленькая справочка. Посмотрим вполне официальную Википедию:

Слово фашизм происходит от итальянского *fascio* (*фашо*) –«союз» (например, название политической радикальной организации Б.

Муссолини – *Fascio di combattimento* – «Союз борьбы»). Это слово, в свою очередь, восходит к латинскому *fascis* – «связка, пучок», которым, в частности обозначались символы магистратской власти – фасции, связка прутьев с воткнутым в неё топором. Фасции носили ликторы – почётная стража высших магистратов римского народа. Фасции символизировали право применять силу от имени народа –вплоть до смертной казни. С тех пор изображение фасций присутствует в символах государственной власти многих стран (например, фасции присутствуют на эмблеме Федеральной службы судебных приставов Российской Федерации).

Вот, те на! Оказывается эмблематика России (так называемой) более фашистская, чем символика Украины… Восстановление бывшего *союза-связки* – разве это не кремлёвско-фашистская цель? Ну, а если совсем серьёзно, то «нацисты Гитлера» ничего не имели общего с «фашистами Муссолини», – то есть называть украинцев фашистами – это всё равно, что говорить о *папуасских авангардистах* или о *саудовских хоккеистах*, – короче, полный абсурд. А если совсем серьёзно, и при этом учитывая понимание фашизма квасными патриотами России, я не побоюсь сказать следующее:
Во-первых, митрополит Анастасий, первоиерарх Русской Зарубежной Православной Церкви, благословил агрессора-Гитлера на войну против большевистских агрессоров, которых почему-то принялись защищать «рабы», до сих пор празднующие так называемую «победу»; во-вторых, в бедах России XX-го-XXI-го веков повинны отнюдь не немецкие нацисты, фашисты и пиндосы, а исключительно свои, русские, то есть великоросы, евреи, татары и прочие, которые стучали друг на друга, убивали друг друга, вдохновляли и соглашались творить полный беспредел. Ай да дьявол, одним словом!
К 1917-му году Россия приблизилась к уникальному рубежу: почти сто процентов русского (титульного) населения были крещёными, воцерковлёнными и, как показали последующие годы… безмерно жестокими. Недавно в церкви, причём в церкви, независимой от Гундяевско-ФСБшного Московского Патриархата, у меня завязался спор с вполне уважаемыми интеллигентными русскими иммигрантами, относительно ненависти «православных к… жидовству». В пылу спора я им сказал: ребята, вы находитесь в храме, где на иконах праотеческого чина изображены одни евреи, или

по-вашему, *жиды*: Исаак, Авраам, Йосиф, наконец, Яков… Это же Ваша религия. Как же Вы смеете говорить о жидах?.. Они заткнулись, не зная, что возразить… Когда так называемые православные патриоты говорят о нелюбви к «жидам», меня невольно разбирает смех – мужики, а не рехнулись ли вы случаем? И в ушах при этом звучат нехитрые аккорды группы «Рабфак»: «…Я бы любил арабов до слёз, но был евреем [И]сус Христос».

Ответ, как говорится, не предусмотрен, а вот вывод – прямолинеен и банален: если ты не поддерживаешь кремлёвскую пропагаду, – значит, ты фашист, безродный космополит, короче, враг, с кем надо разбираться исключительно силовыми и бескомпромиссными методами! Но вернёмся всё-таки к тем, на кого нацелен антисемитизм и попробуем поставить точку в том самом вопросе, где Гитлер явно спутал знаки препинания. Итак, даже если мы возьмём самые антисемитские теории, то у самых завзятых врагов еврейского народа прочтём: Иисус Христос был послан к иудеям, чтобы принести им духовность, которая не была заложена в них сатаной при клонировании на планете Эдем. Итак, Христос к евреям пришёл? – Пришёл! Духовность принёс? – Принёс! Евреев тем самым спас? – Спас! Христианство, точнее, иудео-христианство, зародилось на еврейской земле? – Именно там и зародилось! Так какое ж кто имеет право кивать на евреев, когда у них точно такая же материальная, душевная и духовная – после прихода Христа – атрибутика, как и у славяно-ариев?! Не стремление ли это найти козла отпущения за все проблемы нашей *нееврейской* жизни?

…Украинские националисты, а заодно и их европейские «приспешники» щедро именуются «геями»… Кто хоть чуть-чуть интересовался движением сексуальных меньшинств, тот заметил, что геи абсолютно не агрессивны, пацифичны – лишь бы их не трогали, – и уж никакие АТО геям по определению не придут в голову. Тем не менее кремлёвская пропаганда зовёт украинцев «фашистами, жидами и геями». Хотя фашисты были непримиримыми врагами и евреев, и геев. Короче, налицо – полный конфуз кремлёвской пропаганды! Впрочем, всё специально запутали «пиндосы»…

…Пиндосами кличут американцев, подразумевая, что Америка – это нечто единое, монолитное и вертикально-структуированное, как путинская Россия. Увы, должен Вас разочаровать: итальянцы и французы, украинцы и евреи, бразильцы и индийцы, африканцы и эскимосы, русские и хассиды – это всё и есть та самая *проклятая*

Америка, где жители вправе выражать своё мнение, которое может в корне отличаться от мнения президента или Конгресса. Это совсем другая вселенная, где люди в отличие от постсоветского пространства имеют шанс оставаться людьми со своим собственным взглядом на мир. При этом заметьте, что пиндосами называют одинаково *всех*: и лауреатов Нобелевской премии (а их на начало века было 365 против российско-советских 23-х… – извините, что снова вынужден повторяться), и уборщиков, и белых, и чернокожих, и глав корпораций, и бездомных, наконец, и ястребов, и левых активистов…

Поэтому, когда говорят «Америка», подразумевая нечто общее и объединяющее, это невольно вызывает смех и понимание того, что горе-пропагандисты – невежды. Кстати, на днях я видел пикет у нашей почты с требованием импичмента президенту, потому что в то время, как китайцы добывают полезные ископаемые… на Луне, он ничего не предпринимает… Я им по секрету, тихим и проникновенным голосом сообщил, что не только луна, но и все остальные планеты солнечной системы уже давно и основательно оккупированы китайцами, поэтому лететь туда им как гражданам США, я бы не советовал… Когда до пикетчиков дошло, что я просто шучу, они призвали меня поддержать В. Путина, ибо украинцы – это бандеровцы и фашисты, которых поддерживает… президент США, и, дескать, за это тоже нужно объявить ему импичмент. Не буду продолжать сей пример тяжелого психического расстройства протестующих. В конце концов, тут вопрос – явно медицинский, и каждый имеет конституционное право сходить с ума по-своему…

…Меня волнует другое. Почему галиматья пропаганды приживается, хоть и в промытых-пропитых, но всё же в генетически светлых русских умах? Прежде всего, потому что необычайно понизился уровень интеллекта населения постсоветского пространства и, стало быть, повысилась оголтелость и напористость соответствующей пропаганды. На фоне очевидного краха российской цивилизации, когда за считанное время *утекло* более 20 000 кандидатских и докторских *мозгов*, а уровень эмиграции последних лет оказался равным эмиграции в 1917 – 1922 годах трудно вести речь о какой-либо национальной идее, зная, что не только за зачёты в университетах, но и за обычные отметки в школе нужно платить… (Не правда ли ссылка на *докторские* мозги невольно перекликается с названием «великой» советской колбасы?)

Когда я недавно приехал в местный русский магазин, владельцами которого являются местечковые ребята с Украины, хозяин – очень аполитичный на вид, поверьте, – сказал мне: «Да просто ребятам надоело быть в говне, – вот и вышли на Майдан…».

Из письма Георгию, главному редактору одного из русскоязычных литературно-художественных журналов

(интеллигентному, талантливому человеку… с тщательно промытыми мозгами)

В своём послании, Георгий говорит о том, что читали мою корреспонденцию всей семьёй и коллективно же формулировали мне ответ. (Извините, не нашел оригинала, чтобы цитировать). Георгий, человек порядочный и сильно накушавшийся от местно-националистических и российских посольско-пофигистских чиновников, тем не менее горячо защищает путинскую пропаганду, искренне считая всех противостоящих кремлёвскому режиму недолюдьми…

Здравствуйте, Георгий

Огромное спасибо за внимание к моим доводам, и я искренне тронут тем фактом, что Вы вместе с семьёй читали мои размышления. Кстати, я думаю, всё это чрезвычайно полезно для Вашей дочери, которой предстоит жить в весьма непростое время.

Я не буду стараться Вас переубедить, прилагая цифры, фактические данные и фотографии о лжи и оголтелом антиамериканизме кремлёвской пропаганды. Более того, я полностью с Вами соглашусь, что все олигархи и политические деятели постсоветского времени (включая, разумеется, В. Ющенко и П. Порошенко) – личности неоднозначные. – Мы ведь помним, что средняя зарплата в СССР равнялась 160-и рублям в месяц, – так, откуда, мол, все эти миллиарды? Именно поэтому, кстати, миллионы людей, вроде меня, уехали и продолжают уезжать из постсоветского пространства, не желая оставаться рабами властно-криминальных типов. Тут речь о другом: а именно о желании или нежелании жить в будущем по-человечески, а не по-бандитски. И то, что П. Порошенко с И. Коломойским хотят – по крайней мере, сейчас – видеть Украину европейской, а не кагэбешно-бандитской (как В. Путин и его хозяева) заслуживает всяческой поддержки. Тут всё достаточно ясно и просто. И дело отнюдь не в «воображаемой кем-то чистоте душевной Д. Яроша или А. Дещицы»… Скажу чётче: славянину, желающему жить честно, гораздо ближе ЦРУ, Америка и Бандера, чем кремлёвские клики, особисты, заградительные отряды и бандиты, утвердившиеся на русской земле и продолжающие ею править. Это поверьте, очень горькая, но, к сожалению, правда. И имено поэтому цифры поддерживающих АТО и презирающих Путина и так называемую Россию во всех крупных странах (даже по опросам левацких активистско-антиглобалистских центров) взвились вверх.

Что касается ссылок на Америку, то это даже не смешно. Пожалуйста, Георгий, выкиньте из головы весь этот конспирологический бред, – люди, которые говорят подобные вещи – уж, извините, либо душевнобольные, либо депутаты Гос*дуры* (что, впрочем, похоже). Если не доверяете мне, то спросите любого, кому Вы доверяете и кто живёт в США. Ну скажите на милость, разве преподавателей лучших университетов мира, лучших врачей, инженеров, биохимиков, режиссёров, писателей, лауреатов Нобелевской премии (опять повторюсь: 365 американских против 23-х русских на начало века…) и, наконец, программистов Силиконовой долины стоит называть тупыми американцами? А кто же тогда все остальные, позвольте спросить, если они существенно отстают от американцев практически во всём?

ВС США намного мощнее российских (например, по данным середины 90-х годов они превосходили российские условно в 25 раз), поэтому если бы *Америка* захотела, от России бы осталась только пыль в течение десяти минут, – уж не говоря о всех других странах. И это без учёта того, что только пять процентов российсих частей до 2010-го года находились в состоянии боевой готовности (то есть были укомлектованы хотя бы на 90% – это официальная информация пропутинских политологов). Поэтому то, что США *терпит* и не *влезает* (в течение двадцати пяти лет после развала действительно мощного СССР) – трудно объяснимая заслуга абсолютно пацифистски настроенной американской администрации, за что, кстати, здесь её громко ругают. Впрочем, 2016-й (время выборов нового президента) – не за горами.

С уважением,
Сергей Гора
PS. Привет жене и дочке

Вдогонку: последние добавления к статьям *О так называемом Дне Победы, О постсоветской оппозиции* и *Язык не обманешь*

То ли в «Гранях.ru», то ли в «Каспаров.ru», то ли на каком-то другом сайте я увидел ёмкое и кричащее слово «побед*о*бесие» (или «побед*а*бесие», что, впрочем, то же самое). Этот изумительно точный термин передаёт стремление зомби к псевдопатриотической бездумной вакханалии с желанием попугать врагов своей якобы несокрушимой русскостью. Остаётся один только вопрос: почему большинство населения Российской Федерации готово участвовать в этом *победобесии*? Ну ладно бы антимайданщики и ДНРовские с Южно-Осетинскими люмпенами. А то большинство, которое не хочет портить отношений с властью… Неужели кто-то из здравомыслящих людей считает, что защищать Сталина было лучше, чем бороться с его кремлёвско-бандитской кликой, как это делали, например, Степан Бандера и генерал Андрей Власов? Ведь только ленивый не найдёт доказательств того, что зверства, приписываемые УПА и власовцам, творили НКВДшники, переодетые в их форму. Те же самые НКВДшники, которые, правда, не переодеваясь, ни за что ни про что убили двадцать тысяч польских офицеров… свалив преступление на «проклятых немецких оккупантов». Подобным же образом, спустя несколько десятилетий, туману была приписана вина в гибели президента Польши, которого нелёгкая понесла в этот богом про́клятый смоленский лес. В результате правления большевиков – в том числе в значительной степени спровоцированной ими войны с Третьим Рейхом – погибли десятки миллионов людей и была окончательно добита одна из самых мощных на земле цивилизаций.

Те же евреи, жестоко пострадавшие в годы Второй мировой, сегодня хотя бы имеют Израиль, а у РФ – вообще ничего, кроме… лубянских чиновников, нашистов, утечки мозгов, коррупции, разгула криминала, падающего рубля и санкций. До этого, напомню, были бедность, дефицит, очереди, коммуналки с общими удобствами, отсутствие свободы слова и выезда за рубеж. Грустно, одним словом, очень грустно… И эта грусть накатывает ещё больше после недавнего убийства Бориса Немцова. В этой связи хочется искренне поздравить Гарри Каспарова с эмиграцией. Он все-таки, наконец, сделал единственно верный в его ситуации и, может быть, спасительный ход… Позвольте также заранее извиниться перед новыми жертвами оппозиции, которые вполне могут случиться, и кого я выше довольно нелестно помянул. Не буду повторять и очевидные истины про слова, действия и *псевдорасследование* убийства Бориса Немцова. Тут всё ясно и прозрачно, – и кого власть обдурить хочет? – советую прочитать статью Андрея Илларионова «Дезинформация властей и реконструкция убийства» в блоге Живого Журнала от 3-го марта 2015 года. Остановлюсь на другом, а именно на том, что сегодня в России есть, грубо говоря, три группы населения: *первая* – это те, кого «всё» устраивает; ко *второй* относятся те, кого «всё» не устраивает, и кто запросто может уехать за границу; *третьих* тоже «всё» не устраивает, но они не в силах эмигрировать ввиду материальных или лично-семейных обстоятельств. Борис Немцов, безусловно, относился ко второй группе, представителям которой Бог – или боги – дал(и) как минимум пятнадцать путинских лет, чтобы разобраться, куда «слинять» и чем именно там заняться. Но Борис декларировал желание «продолжать бороться с лжецом-Путиным», которому «предстоит весьма скорое заключение с последующим «нагибанием и отпетушением (см. «Пора освободить Россию от Путина» на радио Свобода)…» При всём при этом Борис исправно платил немалые налоги в путинскую казну и горячо любил, как говорят, «родину», вице-премьером которой он являлся во второй половине бандитских 90-х… Когда же до него докатило, что нужно срочно бежать, его просто и бесцеремонно пристрелили. Грустно, тем более, что Борис Немцов импонировал всем своим оптимизмом, прекрасной физической формой, умом, искренностью и, если хотите, детской наивностью. Тут напрашивается очень кощунственный риторический вопрос-вывод: Разве насильственные смерти Дмитрия Холодова, Галины Старовойтовой, Анны Политковской, Александра

Литвиненко, Бориса Березовского, Натальи Эстемировой и, наконец, Бориса Немцова способствовали пробуждению национального самосознания?! Ничего подобного! Наоборот, вышеупомянутые жертвы-борцы ассоциируются с полным зажимом всякой свободной идеи, наступлением тоталитаризма и окончательным заглушением великой русской морали... Помните строчки, которые изрекает сидящий на корточках гопник из известного стихотворения Д. Быкова на отъезд Сергея Гуриева:

Вас не было. Нас уже было.
Мы русские тысячу лет.
Мы можем начистить Вам рыло.
А Вы нам не можете, нет...

Представьте на секунду, что все погибшие в РФ борцы за демократию, живы и активно вещают и лоббируют с территорий других стран!.. Вот, кстати, не далее как вчера Гарри Каспаров и Михаил Саакашвили выступали перед сенатским (США) комитетом по иностранным делам. Г. Каспаров, в частности, сказал, что В. Путин – это раковая опухоль, которую нужно срочно вырезать, ибо договориться с раковой опухолью невозможно. Я думаю, что подобные слова экс-чемпиона мира по шахматам, как и мнение президента бывшей союзной республики, в одиночку сражавшейся с кремлёвским агрессором, произнесенные где надо и когда надо, с лихвой перевесят оппозиционно-протестную деятельность всех живущих в РФ оппозиционеров вместе взятых. Вообще, «непонятка» какая-то с отношением к РФ получается. С одной стороны, в РФ прижимают и даже ликвидируют оппозиционеров-демократов (как Б. Немцова, например), ругающих систему и В. Путина. С другой стороны, в той же Америке, как придёшь на какую-нибудь лекцию о России или на какую-нибудь тусовку бывших российских граждан, так сразу же слышишь хвалу в адрес власти и ссылку на то, что и в других развитых странах были или есть подобные проблемы. – Не зря ведь сотрудники Russia Today получают неплохие зарплаты... Вот если бы уважаемые оппозиционеры выступали на таких тусовках и читали бы соответствующие лекции, формируя адекватное общественное мнение, которое в свою очередь влияло бы на действия Конгресса, Государственного департамента и президента, которые одни имеют реальную возможность хотя бы остановить расползание этой раковой опухоли?.. А то недавно Дмитрий Быков, который, к слову, выступал перед аудиторией университа Мэриленда, заявил о приемлемости… коррупции, как защитного механизма свободолюбивых граждан против государства. Выходит, что и российские демократы-оппозиционеры не против коррупции? – позвольте по-американски прагматично спросить. Куда уж, дальше ехать, как говорится?! Стоит также напомнить, какой ошеломляющий эффект произвела на конгрессменов и сенаторов недавняя речь П. Порошенко в Капитолии. Я сужу по мнениям своих студентов и простых – как в РФ принято говорить – американцев. Наблюдался намного более действенный эффект, чем от деятельности всех проукраинских СМИ, а также оппозиционеров эпохи В. Януковича вместе взятых, – включая Д. Яроша, Фемен и В. Кличко. В общем, грустно осознавать в целом непрагматичную тактику и беззубость остающейся в РФ оппозиции. Хотя, конечно же, хочется надеяться на лучшее.

Возвращаясь к популярной сегодня теме убийства Бориса Немцова (царствие ему небесное!) позволю себе прокомментировать три аспекта, на которые никто в СМИ не обратил особого внимания, но которые связаны с печальной, хоть и могущей показаться кощунственной правдой.

Первый аспект наглядно демонстрирует извечные, прикрывающиеся псевдофилософской демагогией, двойные стандарты россиян. Итак, цветы на месте убийства Б. Немцова… Много и дорого!.. Вы, кстати, интересовались стоимостью цветов в Москве в феврале месяце? Если, нет, то поинтересуйтесь, – только не падайте, узнав цену, даже если Вы давно привыкли к Лондону, Парижу или Токио. Чтобы раскошелиться на подобные букеты, нужно иметь материальный достаток… в два раза больший, чем до декабрьского падения рубля. Ясно, что за исключением «богатых иностранцев», послов и отчаянных *героев-одиночек* люди, принесшие эти цветы – небедные. Теперь стоп. – Кому при тоталитарном режиме позволено быть небедным? – Как правило, тем, кто либо поддерживает власть, либо добровольно следует в фарватере её пирамидально структуированной политики. Вывод (уж простите за цинизм): чтобы выразить уважение погибшему противостоящему власти оппозиционеру, нужно повседневно признавать и уважать эту самую власть. Известно, что двоеверие, то есть двойные стандарты россиян, имеют давние корни. Насильно насаженное христианство сочеталось и успешно сосуществует с ведической традицией. Посмотрите, например, на праздники Масленицы, Ивана Купалы и другие привычные нам повседневные обряды. Сначала кланяются языческому демону, а в конце торжества спешат в церковь; сначала молятся о выздоровлении перед иконой, а потом спешат к бабке за соответствующим за́говором. В советские времена, например, было принято выкрикивать лозунги и здравицы на открытых партсобраниях, а после, в семейно-кухонной обстановке рассказывать анекдоты про *злобного* Ленина, *жестокого* Сталина, *глупого* Хрущёва и не *отдающего себе отчёта в реальности* Брежнева. Вот и сейчас похоже, днём мы поддерживаем агрессию Кремля против Украины, а вечером несём дорогие цветы на место убийства того, кто открыто выступал против этой войны. Не соответствует ли всё это таким словосочетаниям, как *эмоции вперемешку с абсурдом, взаимоисключающая двойственность при восприятии мира, боязнь власти в сочетании с политическим оппортунизмом (дескать, если ОМОН будет бить дубинками – не пойдём на площадь; а если власть не возражает против шествия, то пойдём-покритикуем…)*? К слову, тем, кто не разделяет моих взглядов, напомню, что во время демонстраций на Болотной площади и проспекте Сахарова несколько лет назад правительственная пропаганда ссылалась именно на то, что там был протест *богатых* и *сытых*. Тогда никто этой пропаганде особого значения не придал, а сегодня в свете наших размышлений та пропаганда уже не кажется бессмысленной отрыжкой власти…

Второй аспект касается бесстрастного и, если хотите, честного – насколько это, конечно, возможно – анализа личностных заслуг и политических действий индивида. Пока оставим в покое В. Путина, ибо о нём уже достаточно много было сказано и написано на самые что ни на есть разные темы. Поговорим о Борисе Немцове, точнее постараемся вместе дать однозначные комментарии *Да/Нет* к следующим утверждениям:

1. Борис Немцов воспитывался в семье потомственных чиновников высшего звена и получил прекрасное гуманитарное образование, что может считаться идеальной основой для благополучной и продуктивной работы на постах вице-премьера, губернатора и министра.

да ☐   нет ☐

2. На высшие государственные должности он назначался и выбирался, исключительно благодаря большим, всеми ощутимым успехам и личным заслугам в управлении подотчётными ему отраслями и территориями.

да [ ]   нет [ ]

3. Борис Немцов зарекомендовал себя как страстный борец против бандитской прихватизации *по Чубайсу*, защитник интересов трудящихся, постоянно заботившийся о простых россиянах.

да [ ]   нет [ ]

4. Оппозиционая деятельность Бориса Немцова способствовала сплочению и резкому увеличению протестной деятельности и численности оппозиции.

да [ ]   нет [ ]

5. Борис Немцов был человеком, для которого семейные ценности, мораль и бескорыстие были превыше всего, – в том числе декларируемой им политической борьбы с властью.

да [ ]   нет [ ]

Данные утверждения сознательно подведены под отрицательный ответ совсем не с целью очернить покойного (пусть земля ему будет пухом, как говорится!), а для того, чтобы подчеркнуть тремя чертами роль *пропаганды* в актуализации тех или иных эмоций. Ведь в течение первых двух-трёх суток после убийства Бориса Немцова многие считали его чуть ли не героем-полубогом, в честь которого следует немедленно называть мосты и которому нужно тут же ставить памятники. Восхищением в адрес Бориса Немцова и ненавистью в адрес В. Путина пестрел Facebook (мы с женой потрудились подсчитать: в среднем двенадцать восторгов в адрес Немцова на один критический или умеренный комментарий). Короче, речь тут должна идти о личности, которая во всех своих бщественно-политических проявлениях создана пропагандой, мало чего общего имеющей с правдой, а именно с реальными явлениями и поступками *невинно убиенного* Бориса Немцова. Всё та же подонкафская *пичалька* напрашивается… ведь пропаганда – как ни крути – это слово дьявола; причём не только пропаганда кремлёвских властей, но и её оппозиции.

Третий аспект касается многочисленных похоронных комментариев вдруг объявившихся и как будто из-под земли появившихся многочисленных, как оказалось, друзей, сослуживцев, соратников, да и просто ревнителей убитого. Почти все они говорили о любви Бориса к… *родине.* Странное это понятие «родина» – мутное, что-ли(?). Для меня, например, *родина* прочно ассоциируется с ЧК-НКВД-КГБ, так как в моём детстве шли бесконечные патриотически отцензуренные кинообразцы вранья про *семнадцать весенних мгновений щита и меча во время мертвого сезона адьютанта его превосходительства…* где дяди смурно́го вида – как правило, в длинных плащах – требовали и с радостью соглашались жертвовать собой ради пресловутой *родины.* Но это – чисто моё собственное, может и нетипичное, ощущение. Люди же, по социологическим опросам, выделяют, как правило, следующие пять понятий, лежащие в основе понятия родина: природа, язык, поведенческие традиции, персоналии, система, то есть государственное устройство. Итак, остановимся… по-подробней (…прекрасное согласованис – не правда ли?..). Если учесть, что Земля неоднократно меняла свой климат – например, на территории современной РФ и даже в более северной Гиперборее были почти что тропики, что не могло не отразится на нашей генетике, – а также, если учесть, что только за последние пару веков в каждом из нас смешались десятки кровей, – можно сделать однозначный вывод о том, что практически любая природа и любой климат – по крайней мере, северного полушария – для нас родной. Вспомним, кстати, и про великие и частые переселения и смешивания народов, чтобы *родиной* счесть самые разные природно-климатические зоны. Вряд ли, например, я сочту чужой и совсем неродной природу южной Греции, откуда приехала мать моего отца. А та, южно-греческая, природа, поверьте, совсем не похожа на вечно хмурый и часто заснеженный Ленинград, который мне привелось осчастливить своим рождением… Я уж не говорю про реинкарнацию, в которую верят многие миллионы землян. – Если Вы до Вашего рождения были свиньёй где-то в Аргентине (извините за «свинью» – просто, как говорится, музыка навевает), а до этого благополучно прыгали в качестве кенгуру на востоке Австралии, то об исключительности родного северного пейзажа нашего времени лучше забыть. Итак, понятие «природа» явно не подходит к определению смысла «родины». Посмотрим теперь на *язык*. Тоже явно не тянет на «идентификацию» *родины*. Сегодня я имею возможность общаться по интернету, дома и на работе исключительно на русском языке, хотя и живу в *проклятой Пиндосии*. Я смотрю те же фильмы, что смотрят так называемые россияне, живущие на территории РФ-паханата, ем свежайшую и изысканную русскую еду, которая часто недоступна живущим в РФ и при этом имею свободу русскости, которая жестоко пресекается в РФ кремлёвскими властями. Да-да, я не оговорился. – *КГБшность* псевдорусского мира как и его победобесие ничего общего с настоящей русской культурой не имеют… И миллионы иммигрантов из России живут так же, как и я, а многие даже намного лучше, – причём не только в США и Западной Европе, но и в Южной Корее, Турции, Бразилии и даже в Таиланде, где на сегодняшний день гражданствуют 130 000 россиян… Не тянет, короче, ссылка на язык. Сорок лет назад может и тянула, а сейчас явно не тянет. Третья ссылка относится к людям (*персоналиям*, по-научному), населяющим так называемую Россию, и вот именно здесь, как мне кажется, зарыта собака, – хоть и без номерка, как псковский десантник, бездарно погибший на Украине. Дело в том, что почти все, кто имеет хоть зачатки (или остатки) совести, из РФ либо иммигрировали либо собираются иммигрировать… – куда угодно, только чтоб из паханата подальше. И проблема как раз в том и заключается, что РФ всё больше становится страной человеческих отбросов, идёт ли речь о власти или о рабах-подчинённых этой власти. Подчеркиваю, что здесь говорится не о ста процентах населения, а об устойчивой тенденции к увеличению числа зомби. В любом случае для мыслящих людей тот человеческий сброд, который сегодня, к сожалению, ассоциируется с Россией, просто не может быть *родиной* по определению. Мы ведь Даждьбожьи внуки, наследники А. Пушкина и П. Чайковского, как-никак. Когда я слышу или читаю фразы типа: «Он до конца боролся с оррумпированностью властей, но при этом… горячо любил свою родину, или он пал жертвой дедовщины и равнодушия властей, но при этом всегда оставался верным присяге», меня тянет стошнить… Тут на ум невольно приходит фраза арабского террориста из недавней комедии Саши Коэна (Бората): «Я люблю Америку, но я хочу её взорвать…».

Именно подобные параллели возникают в отвыкшем от РФ сознании в тех случаях, когда говорят о любви так называемых оппозиционеров к так называемой родине.

В этой связи самым коварным, и я бы сказал, романтически-обманчивым представляется ссылка на нечто невыразимое словами, но изначально и вечно родное и понятное – то есть на то, что может быть… как угодно и притом безапелляционно истолковано пропагандой. Мол, иди и убивай проклятых укропов, ибо так хочет *родина*. Правда, потом, эта же самая *родина* сочтёт уместным тайно похоронить тебя у дороги – без имени и фамилии, как бродячую собаку. К слову, мёртвых собак табличками с номерками не позорят, а вот отдавших жизнь за *родину* – можно. Все равно родичи вякать не будут. Ибо в противном случае *родина* их быстро утихомирит…

Вывод ко всему вышесказанному напрашивается сам собой. Пока отдельный человек или общество в целом – российское или какое-либо другое, не важно – не станет называть вещи своими именами, а будет слепо и эмоционально следовать исключительно в русле какой-либо пропаганды (как показывает история, в её весьма и весьма извилистом русле), ничего хорошего ни отдельному человеку, ни обществу в целом от этого не будет.

Вот если, например, у Вас заболел какой-то орган, что оптимальнее: лечить этот орган, прислушиваясь к советам врача-специалиста, или же успокаивать себя лживым утешением (читай: «пропагандой») о том, что всё и так пройдёт?.. Рассуждая о политике, я, например, вижу все основания опасаться того, что когда – точнее *если* – снесут путинскую систему, как когда-то СССР с коммунизмом, – то воцарится недальновидный популист, который доведёт страну до краха, как Б. Ельцин… который потом будет вынужден передать власть очередному… да-да… только ещё более неадекватному новому Путину… И продлится тот самый (или «этот самый») замкнутый круг уничтожения человечества с помощью пропаганды.

Вместо эпилога

Правду трудно доказывать именно потому,
что она не требует доказательств.
В. Каверин

Все мы, земляне, независимо от цвета кожи, национальности, религии и даже возраста, рано или поздно начинаем понимать, что что-то в мироустройстве явно не так, точнее не так, как хотелось бы, как просит сердце и требует внутренний голос совести. Что-то явно нарушено и не стыкуется ни с порывами души, ни со здравым смыслом. Сначала, в детстве, речь идёт об ощущении некоей несправедливости; потом, в молодости, приходит уверенность в неоспоримой правильности каких-то религиозных или философских выводов, которым почему-то противостоит тьма других-неправильных, но в то же время несравнимо более популярных; и, наконец, только в зрелости обретается видение неких контуров истины, ставящих под сомнение наш былой опыт и все предшествующие умозаключения, прежде считавшиеся чуть ли не святыми.

В этой связи выявляется одно прелюбопытнейшее наблюдение. Все (или почти все) научные теории и исповедающие их учёные, политические системы и политики, мирские философии и воплощающие их философы рано или поздно объявляются ошибочными или заблуждающимися –
если не преступными, как в случае с мировой революцией Маркса или с евгенькой и нацизмом Третьего рейха, – в то время как абстрактные, объективно непроверяемые мировоззренческие доктрины – мировые религии, например, – декларируются вечными и непререкаемыми. Задумывались ли Вы когда, что практически всё, что было исследовано и разработано физиками несколько веков назад, считается младенческой чепухой? В то же время вопиюще противоречивая Библия, как и явно неоткорректированная трактовка жизни Христа, придуманные аж восемнадцать веков назад называются верными и незыблемыми? И это на фоне знаний человечества, выработанных за десятки, если не сотни, тысяч лет (?). Я тут, прости, Господи, невольно вспоминаю известный

анекдотически звучащий советский лозунг: «Учение Ленина правильно, потому что оно верно!»…

Характерно, что никто и никогда не пытался однозначно прокомментировать некоторые сомнения, невольно возникающие при погружении в наиболее популярные мировые религиозные учения. Позвольте, я их обозначу в уже привычной форме *Да/Нет*:

1. Христианские теологи подробно разъясняют, где подросток, и затем молодой человек, Иисус Христос, провёл свою жизнь от двенадцати до тридцати лет. При этом они подробно останавливаются на том, почему на севере Индии указывают на место якобы подлинного захоронения Христа.

да ☐   нет ☐

2. Иисус Христос указал, какие письмена о нём следует в будущем считать каноническими, а какие – апокрифами.

да ☐   нет ☐

3. Иисус Христос детально расъяснил, почему именно волхвы с востока (то есть ведические жрецы – представители ненавистного христианам язычества) принесли ему ладан, золото и смирну.

да ☐   нет ☐

4. Теологи разных конфессий подробно разъясняют в СМИ лживые наветы и неправомочность нападок на их Богов. Например, милосердные христианские теологи терпеливо и проникновенно объясняют поголовное истребление катаров, тамплиеров и трёх четвертей населения Киевской Руси, а исламские мужи последовательно и толково опровергают многочисленные репортажи о массовых казнях 900 евреев из племени Бану Курайза по личному приказу пророка Мохаммеда…

да ☐   нет ☐

5. Можно точно определить, кто из *ведистов-инглингов-староверов* прав: те, кто считают, что цивилизация зародилась на Мидгард-Земле (1) 40 000 лет назад; (2) около 112-и тысяч лет назад; (3) миллионы лет назад.

да ☐   нет ☐

Конечно, критики не преминут пошутить, – мол, авторы опроса специально разрабатывают альтернативы типа: «Девочка, что ты предпочитаешь: мороженое или чтобы тебе открутили голову?». Впрочем, правда – всегда одна, ясна и однозначна, и, если вышепредставленные утверждения отмечены словом «нет», значит, истина не соответствует пропаганде и потому замалчивается. Пропаганда не терпит оправданий. Она агрессивна, наступательна, и ей глубоко наплевать на чаяния Ваших совести и ума. Пропаганда – слово дьявола, оправдывающая и покрывающая его дело.

Касательно сказанного, простым смертным остаётся несколько вопросов, на которые так или иначе каждый из нас захочет рано или поздно ответить. Это как раз те вопросы, которые подразумевают прямой, искренний и однозначный ответ. Вот они:

1. Должен ли обыватель, то есть непрофессиональный аналитик – *нелоббист* или *неполитолог* – стремиться к самостоятельной оценке исторических событий и явлений в противовес пропагандистской подаче сверху?

да ☐   нет ☐

Примечание: в защиту тех, кто сказал «да», подмечу, что многочисленные и разнообразные философии и религии по-разному трактуют одни и те же события и явления истории. – Так что, хочешь или не хочешь, а всё равно придётся разбираться самому.

2. Может ли обыватель, то есть непрофессиональный аналитик, делать правильные выводы о чисто гуманитарных вещах, делая справедливые заключения о природе взаимосвязи теории и практики, причин и следствий, правды и лжи?

да ☐   нет ☐

Примечание: в защиту тех, кто сказал «да», скажу, что сильные мира сего – короли, президенты, премьер-министры и прочие папы с кардиналами – не раскрывают «вещих» секретов ни простому обывателю, ни профессиональному политологу, аналитику или лоббисту. Так что в итоге обыватель предстаёт столь же осведомлённым, сколь и раздувающие щёки так называемые эксперты. Разница лишь в том, что последние умеют подвести полученные данные под определённые теоретические модели. Обыватель же подобным не озабочен…

3. Существует ли сейчас страна, где для всех имеются неограниченные возможности физического и духовного совершенствования и развития?

да ☐   нет ☐

Примечание: в защиту тех, кто сказал «нет», подчеркну, что даже в самых развитых странах есть относительно многочисленные группы людей, рождённых в неблагополучных семьях и вынужденные жить в «гетто». И если даже предположить, что несчастные получат потенциальную возможность вырваться из плохой жизни, а также за счёт грантов получить хорошее образование, всё равно первые восемнадцать-двадцать лет жизни неизбежно оставят свой негативный след на физических и духовных чертах индивида.

4. Существовала ли в последние несколько тысяч лет – в эпоху так называемых *мировых* религий – страна, где для всех имелись неограниченные возможности физического и духовного совершенствования и развития?

да [ ]   нет [ ]

Примечание: в защиту тех, кто сказал «нет», отмечу, что ничего подобного ни в одном учебнике, как говорится, нет. Некоторые историко-общественные теории указывают на всеобщее благоденствие много тысяч лет назад, но, увы, не на недавние тысячелетия.

5. Являются ли разговоры, мечты и прожекты о всемирной человеческой справедливости отражением памяти, восходящей к тем временам, когда человечество наслаждалось всемирным порядком и достатком в течение сотен тысяч лет?

да [ ]   нет [ ]

Примечание: в защиту тех, кто сказал «да», поясню, что согласно известной поговорке: «всё новое – это хорошо забытое старое». Многие мыслители не без основания полагают, что в мозг человека могут прийти только те образы, которые уже были реализованы или реализуются где-то во вселенной. Вспомним многочисленные примеры на этот счёт: от жены лорда Байрона, придумавшей программирование, до Герберта Уэллса и других фантастов XIX-го века, писавших о телевидении, подлодках и подобных вещах. Таким образом, мысль о всеобщей справедливости может вполне оказаться основанной на былых реалиях, прочно отложившихся в человеческой памяти.

6. Является ли восприятие неродного человека обусловленным социальным положением, достатком, влиянием и должностной стигмой воспринимаемого индивида?

да [ ]   нет [ ]

когда кто-то воспринимается просто как человек, речь идёт о явном и, я бы сказал, временном исключении из общепринятого правила стоять в полупоклоне перед начальством и презирать стоящих на нижних ступенях социальной лестницы.

7. Способствует ли подобное восприятие (указанное в предыдущем вопросе) развитию человека, его восхождению по пути эволюции?

да ☐   нет ☐

Примечание: в защиту тех, кто сказал «нет», скажу, что социо-статусные характеристики часто являются непреодолимым препятствием на пути развития. С одной стороны, зачем начальнику уделять внимание какому-то развитию – ведь он и так начальник; с другой стороны, принцип неимущих *не высовывайся* предстаёт надёжным тормозом на всяком пути вперёд. Взгляд на самого себя просто как на человека, со стороны, с чистого листа, как говорится, является непременным условием всяческого совершенствования.

8. Можно ли свести все гуманитарные вопросы к однозначным ответам типа: *да/нет*?

да ☐   нет ☐

Примечание: в защиту тех, кто сказал «да», подчеркну следующее: принято говорить, что мир – отнюдь не чёрно-белый, а включающий все цвета-оттенки радуги. С этим невозможно не согласиться, – только вот радуга и все её нюансы имеют однозначные обозначения. Проблема тут совсем не в том, что трудно правильно назвать переходные тона, а в том, что далеко не все знают соответствующие названия… В то же время спросите любого художника, и он вам однозначно назовёт все оттенки зеленого, жёлтого и так далее. Вышесказанное подразумевает, что ответы на гуманитарные вопросы содержатся в нашей спящей генетике, которую просто необходимо порой будить. *Да/Нет* соотносится с правдивой констатацией истории, искусства, литературы, журналистики и философии при полнейшем игнорировании пропаганды. Последняя появляется как раз там, где кто-то не хочет, или не может – в силу незнания – однозначно назвать правду.

9. Должен ли каждый человек ощущать значимость своего голоса в мировых и национальных делах?

да ☐   нет ☐

Примечание: в защиту тех, кто сказал «да», остановлюсь на том, что данный вопрос только на первый взгляд звучит пафосно. На самом же деле всё, что предпринимает конкретный индивид – это часть мировых и национальных дел. К тому же каждый человек – это отдельный мир. Вспомним, там, где власть плюёт на мнение отдельного человека, она плюёт и на общество (сошлёмся на того же Вл. Соловьёва; см. стр. 71). И наоборот, естественно, что, в конечном итоге, различает тупиковый тоталитаризм и подлинную, ведущую к развитию человечества, демократию.

Кончилась, как говорят, ночь Сварога, и начался его день, то бишь выплыла, наконец, наша Мидгард-страдалица из тьмы пекельных миров и взмахнул её родной свастический рукав над светлой частью вселенной. Наступило время доброго откровения и следующего в связи с таковым оптимизма, а также произошёл переход от эпохи лисы к эпохе волка, что тоже связывается с просветлением, сбрасыванием с души и разума всего наносного и духовным совершенствованием человеческой породы. Волк, к слову, хоть и вынужден питаться падалью, будучи, как известно, санитаром леса, всё ж таки остаётся единственным животным, следущим семейным ценностям, а также имеющим чувство законопослушности по отношению к правилам стаи, то бишь коллектива, с интересами которого каждая отдельная особь должна считаться, – чего, например, не скажешь о человеке… Может, этот гипотетический *космически-судьбоносный* волк поможет человечеству вернуться к своим праведным истокам, заставит снова называть *Красную* площадь *Белой* или *Красивой,* покажет всю несуразность материализма-дарвинизма, обличит ложь и лицемерие институтов так называемых мировых религий, а всех голых королей, именующихся национальными вождями и президентами *обнажит-назовёт* настоящими именами. Может, он разбудит своим вселенским воем миллионы навеки уснувших жертв эпохи лисы, и мы, глядя на небо, посмотрим им в глаза и устыдимся слабости своего духа и нежеланием бороться с дьяволом во имя сохранения призрачного и очень временного земного уюта… Надеюсь, что этому великому эпохально-временно́му Волку хорошо известно, что даже самый отъявленный мерзавец в тайне мечтает о добре, что даже дьявол был сотворён как ангел добра… Одним словом: вперёд, Серый! Да, не будет твой цвет тебе помехой!

www.ingramcontent.com/pod-product-compliance
Lightning Source LLC
Chambersburg PA
CBHW070912290526
45795CB00001B/294